NOTE BOOK

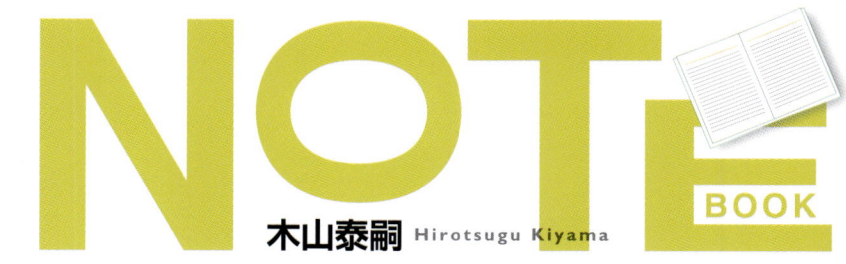

木山泰嗣 Hirotsugu Kiyama

最強の法律学習ノート術

弘文堂

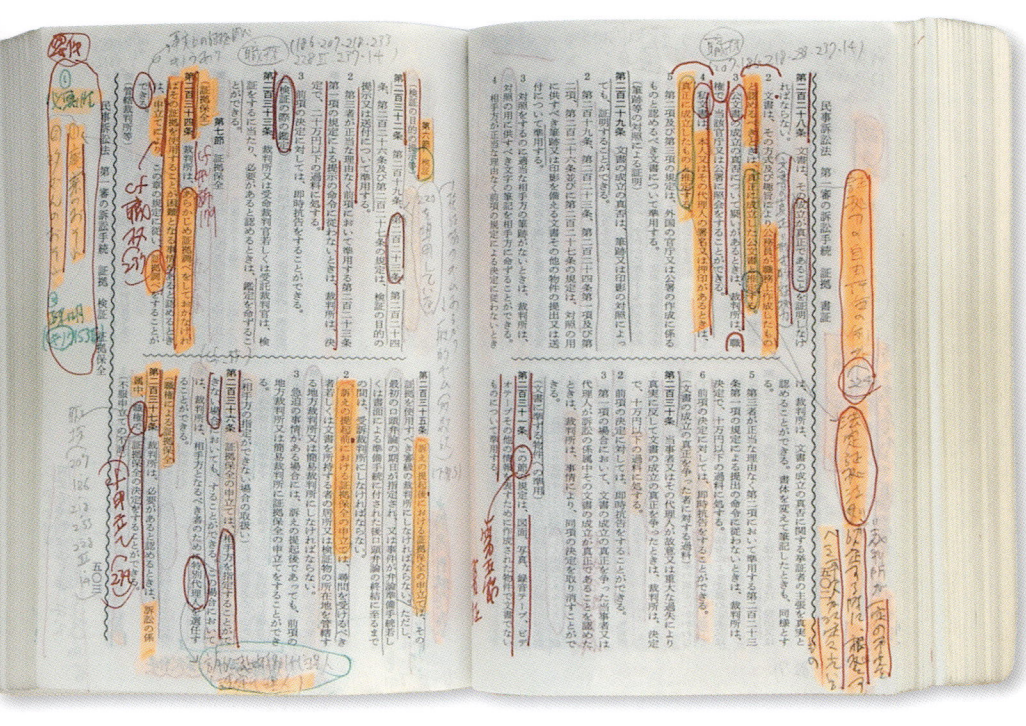

「六法に書きこみをし、オリジナルノートにする」 (口絵1)

　条文を引いて読みこむことは、法律の学習に欠かせません。条文を読んだあとが残るよう、六法に直接書きこみをしてオリジナルノートにしてしまう方法があります（私は当時の『司法試験用六法』〔法曹会・2001〕を使用していました）。文言を丸でかこみ、その具体的な意味や問題点、具体例などを余白に書き、その六法を何度も読むことで「条文を読む力」がつきます。関連する情報は「cf」として書きこみ（左上237条の上の「cf 職権（237）」など）、その条文番号も書いておくと、条文を読むときに関連条文まで読むクセがつき、自然と「条文操作」ができるようになります。要件についても「①」「②」…といった番号を書きこんでおくことで（左頁の余白にある「要件①…、②…」参照）、条文を読むときに、要件を整理することを意識した勉強ができるようになります。

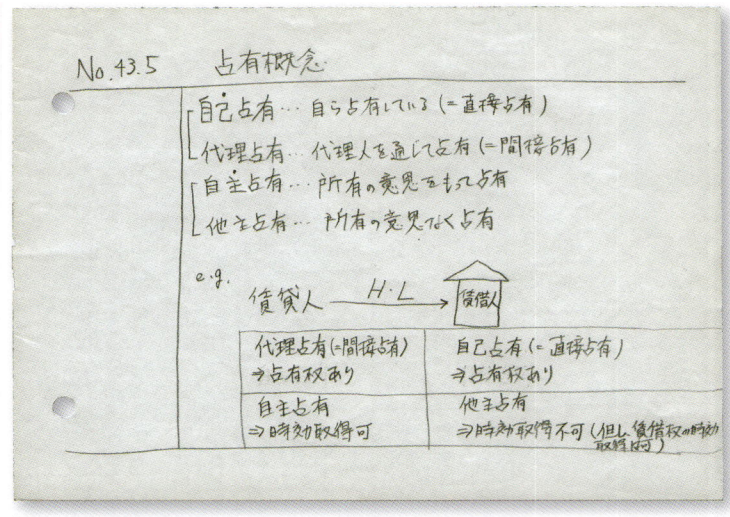

「分析カード」 (口絵2)

　上のカードは、民法の「占有」概念を整理したものです（本文104頁「図表33」参照）。「占有」といっても、場面ごとに「占有」概念はさまざまです。用語があたまのなかでぐちゃぐちゃにならないよう、1枚のカードで全てを整理しています。また、AがBに建物を賃貸しているという「具体例」も図を入れて書くことで、具体的な「占有」概念の把握ができるよう工夫をしています。

　下のカードは、憲法の「平等」概念を整理したものです（本文105頁「図表34」参照）。「平等」概念も、「占有」概念と同様に場面ごとにさまざまな概念があります。これをマトリックス（図表）にすることで、1枚のカードにまとめています。

iv

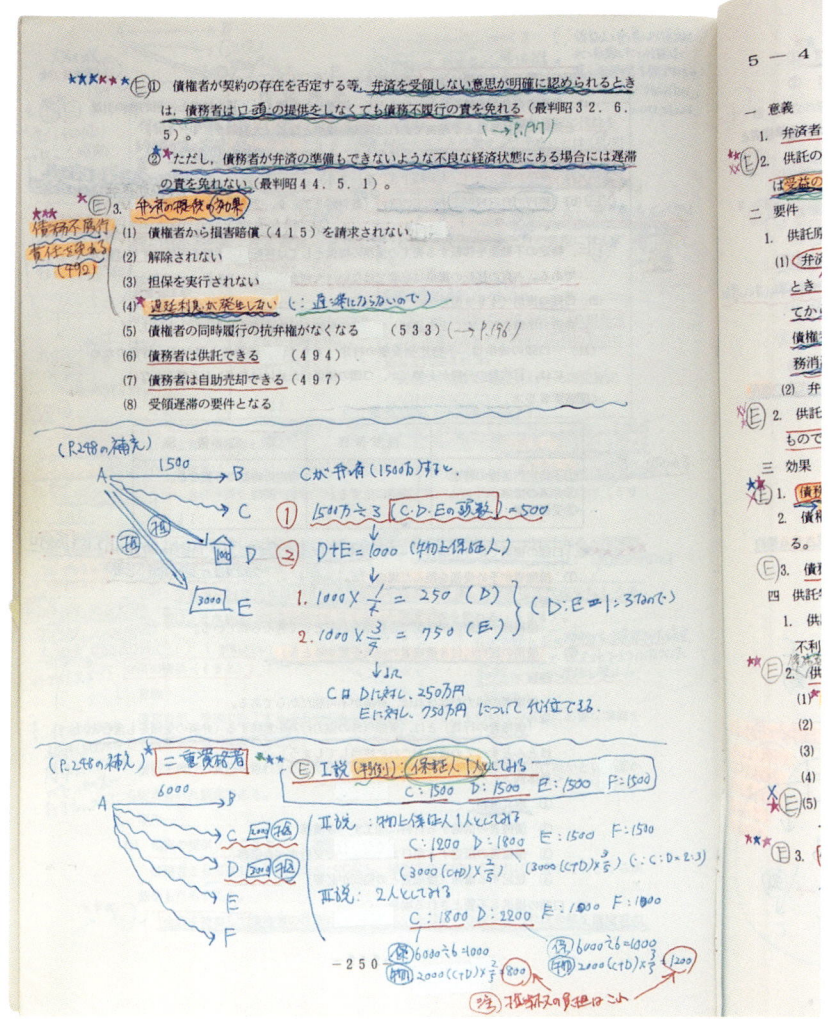

「テキストに書きこみをし、オリジナルノートにする」（口絵3）

「テキストの余白」に関連する情報を書きこんでいくと「情報の一元化」を図ることが可能になります。特に予備校などのテキストの場合には情報が思い切って取捨選択されている場合がありますので、体系書にある記載についてもれがあることもあります。自分でテキストの改訂版をつくるつもりで、必要な情報はどんどん書きこんでいきます。過去問などの問題を解くたびに、テキストの該当ページにあたるクセをつけましょう。そのたびに新しい情報や発見については書きこみをすると、情報の更新ができます。これを何度も読むことで、確実に知識が身につきます。

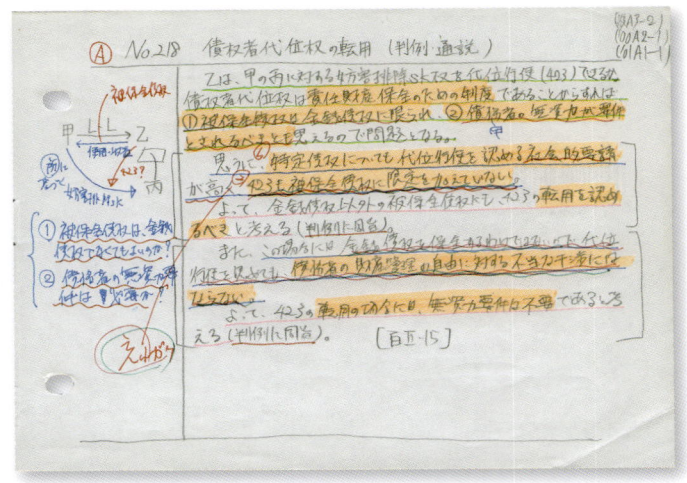

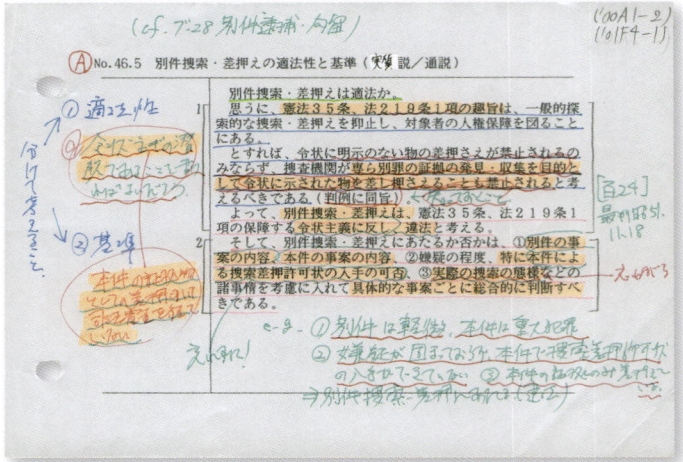

「論証カード」 (口絵4)

　「論証カード」は予備校がつくったものもありますが、自分の考えにあわない論証をみてもピンとこないものが多かったため、できるかぎり自分でつくるようにしていました（掲載したものはいずれも自分でつくったものです。上は手書き、下はパソコンで作成）。自分のあたまで理解した思考過程でないと、他人の思考をなぞるだけになり、混乱してしまうからです。「論証カード」はつくるときに相当に勉強になります。アンダーラインは「問題提起」を黄緑、「理由」を青、「結論」をピンク、「判例」を赤とし、キーワードにはマーカー（オレンジ）をぬっていました。色線を引くことで何を書いている部分なのかを意識するトレーニングができます。右上の余白は答練（答案練習会）で出題されたものを書いていました。この部分が多いものほど重要度が高いと、客観的にわかります。上のカードの左下余白にある「忘れがち」や、下のカード左下にある「忘れずに！」は、自分の弱点を示すために書いています。弱点だけをつぶしたいときには、この部分を読みます。

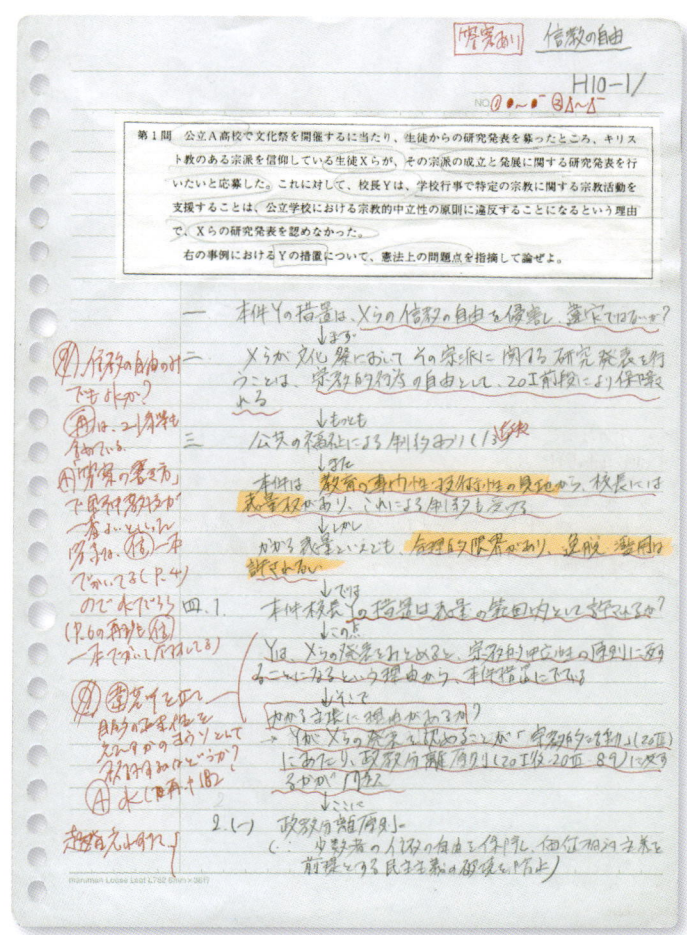

「答案構成ノート」 (口絵 5)

　「答案構成ノート」は写真のように、上部に問題をはりつけ、その下に答案構成を書いていきます。右上の「信教の自由」はテーマ（論点）です。科目ごとのファイルにとじるときに、どの場所に入れるかの目印になります（わたしは科目ごとに答案構成のファイルをつくっていました）。その下の「H10-1」は平成10年度第1問（旧司法試験の過去問）を意味しています。その下の「①●～●ー」「②△～△ー」（赤字）は、解きなおしたときの出来（自分の評価）を記号で書いています。記号化すると、得意・不得意がわかり、試験前などに不得意な問題だけを重点的にみるなどの勉強ができるようになります。左の余白には疑問点やコメントを書いています。いったんつくった「答案構成ノート」は、問題文以下の部分を紙で隠して、何度も解きます（時間内に「答案構成メモ」を書きます）。解き終わったら隠していた紙をとり、すでにつくってある答案構成を確認します。その際に生じた疑問は左の余白に書き、あとで調べるようにしていました。ルーズリーフにすると、必要な問題だけ持ち運びができます。とじる場所を変えることもでき、使いやすいです。

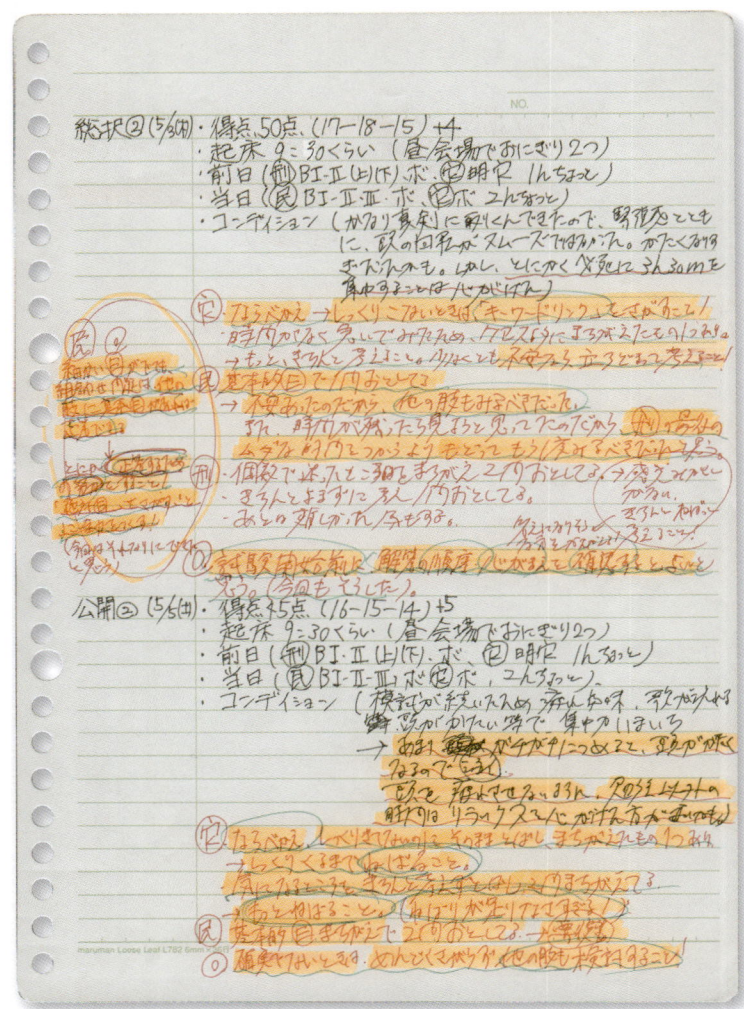

「反省ノート」 (口絵6)

　択一試験（短答式試験）の模試を受けるたびに、当日の起床時間やコンディション、受験中の感想や反省などを「反省ノート」にまとめて整理をしていました。13時30分から17時まで模試があり、帰宅後、自己採点をします。そのあとに反省点を「反省ノート」にあらいだしていました。毎回これをすることで、自分のクセや特徴を分析することができます。どのようなときに調子（頭の回転）がよく、どのようなときに調子がふるわないかを、あらゆる面から自己分析できます。反省点をあらいだすことで、次に気をつけるべきこと（＝本試験で気をつけるべきこと）もわかってきます。模試の前日や本試験の前日などにみることで、本番でのコンディションの整え方がスムーズにできるようになります。

はしがき

　法律の勉強はベールに包まれている、ように思う。

　どんなノートを書いて勉強をしていたかを克明に教えてくれた人をわたしは知らないし、そのような本もみたことがない。勉強法については合格体験記や書籍があるが、ノートの書き方となると、みなさん非公開（秘密）…なのである。

　じっさいわたしもこれまで合格体験記や書籍を書いてきたが、受験時代につくっていた膨大なノートの数々をすべてみせたことは、1度もない。**なぜみせなかったかといえば、ひとことでいえば恥ずかしかったからだ**（幸い10年以上前に作成したノートが、実家のダンボールにしまわれていた。本書をつくる際に久しぶりに開封をして見直したが、ぜんぶをみせる気にはやはりなれない）。

　法律の学習においては、勉強すべき情報量が膨大である。条文がある。難関といわれる民法では、じつに1044条もの条文があるし、会社法も979条もの条文がある。
　これだけでも雲をつかむように感じるかもしれないが、さらにそれぞれの科目には体系書があり、学説などが整理されている。学説はひとつの論点についてかなりの量がある。
　これにとどまらず、裁判所が示した判例がある。最新判例まで追い始めると、日々新しい判例がでているため、無限大に近い情報量がある。さらに、試験問題などの対策を始めると、おびただしい量の過去問が存在していることに気づく。

授業を聴いているだけでは、言葉が外国語のようでさっぱりわからない。勉強する意欲があっても、どこからなにをやっていけばよいのかわからない。
　体系書を読めば眠くなり、永遠に読み終える日はこないような、徒労感を覚える。少しは勉強が進んだかと思い、問題を解いてみるとまったく太刀打ちができない。論文式などになると、今度はなにをどのように書けばよいのか、アウトプットの勉強も必要であることを知る。自分は文章力がないのではないかと自信をなくすか、自分は法律に向いてないのではないか、あたまがわるいのではないかと茫然自失となる…かのどれかが、オチだ。

　とくに法学部に入学した大学生や、ロースクールに入学した未修者、資格試験の勉強を始めようと決意した学生や社会人の人たちは、こうした壁にぶちあたることと思う。

　じっさいにわたしもそのような壁を何度も味わい、何度も法律の勉強などやめてしまおうと思ったことがあった。それでも、いまは弁護士になり、法律実務にたずさわっている。ロースクール生に教える機会もいただいている。こうして本を書くこともある。

　どのように授業を聴けばよいかといった基本的なことに始まり、どのようなノートをつくればよいか、勉強グッズとしてどのようなものをつくればよいのか、情報の一元化を図るにはどうしたらよいか、試験問題で得点をとるためにはどういう分析をしたらよいのかなど、さまざまな悩みをひとつひとつ克服してきた。こうした経験があるので、いま法律の勉強をしているものの、伸び悩んでいる人の苦しみはよくわかる。

あなたが法律に向いているかどうかは、わからない。しかし少なくとも自発的に興味をもって勉強をしているということは、その時点で向いている可能性が高いと思う。なぜならふつうの人は、そもそも法律の勉強をしようとすら思わないからだ。
　やり方さえマスターしてしまえば、法律の勉強はとても面白い、ということを、本書を通じてあなたに伝えたい。

　本書では、これまで１冊の本のテーマとしてあつかわれることがなかった「法律を勉強する人のためのノートのつくり方」に焦点をあてた。いろいろなノートやカードがでてくるが、ぜんぶつくれということではない。気になったものがあったら試してみてほしい、という程度のものである。あくまで参考にしていただければという「ノートづくり」の紹介本みたいなものである。

　ちなみにわたしは、司法試験の受験時代にここで紹介したノートのほとんどを、自分でつくっていた。自分の思考過程を刻んだノートのほうが、復習も効率的にできた。**つくるのに時間はかかったが、つくったあとは非常に便利な勉強グッズになった**。自分のあたまで考え抜き、それを書き記したノートがあると、あとで見返したときに、思考過程や知識について、すぐに記憶喚起ができるからである。

　ロースクール制度ができてからの司法試験では、合格率もだいぶ高くなった。そこまでやらなくても受かるかもしれない。授業も忙しいから、本書で紹介するようなノートを、すべてつくる時間はないかもしれない。しかし**合格体験記などを読んでいると、合格者は自分にあったノートをなにかしらつ**

くっていることが多い。情報の一元化や、弱点を集約したノートができると、効率よく勉強ができるようになるからであろう。

　本書を読んで、法律の勉強が好きになる人が増えてくれれば、著者としてこれほど嬉しいことはない。さらには司法試験などの資格試験を突破される人がどんどんでてくれれば、類書がないなかであえて本書を作成したかいがあったと思う。

　最後に、本書の作成にあたりさまざまなアドバイスと多大な協力をしてくださった弘文堂の北川陽子さん、ノート術の本を読むとしたらどんなことが知りたいかなどを教えてくださったロースクール生や新司法試験の合格者の方々に深く御礼申し上げる。

　2012年2月

弁護士　木山泰嗣

最強の法律学習ノート術 目次

口絵　　　　　iii -viii
はしがき　　　ix -xii
サイトマップ　xvi- xviii

第1章　法律を勉強するためにノートは必要か？ ——— 1
　1　授業を受けるときにとるノートの必要性 ……… 2
　2　あたまを整理し、理解するためのノートの必要性 ……… 7
　3　勉強グッズとしてのノートの必要性 ……… 15
　4　問題を解くときなどに手を動かす必要性 ……… 21
　5　試験に合格するためのノートの必要性 ……… 23

第2章　授業を受けるときにとるノート術 ——— 29
　1　授業を受けるときに板書はノートに書くべきか？ ……… 30
　2　授業を受けるときはノートになにを書けばよいのか？ ……… 37
　3　授業を受けるときはなにに書くのがいい？—ノート？テキスト？ ……… 45
　4　授業中のパフォーマンスを高めるにはどうしたらいい？—予習 ……… 51
　5　授業を受けたあとのノートの読み返し—復習 ……… 56

第3章　あたまを整理し、理解するためのノート術 ——— 63
　1　法律を理解するためには分析が不可欠—分析ノート ……… 64
　2　体系書を読むときのノート術 ……… 70
　　（1）関係図 ……… 71
　　（2）時系列 ……… 73
　　（3）図表 ……… 77
　　（4）関係性のビジュアル化 ……… 83
　　（5）大なり記号と小なり記号 ……… 84
　　（6）条文の構造を整理 ……… 86
　　（7）文字情報のビジュアル化 ……… 89
　　（8）マトリックス ……… 91
　　（9）ツリー ……… 95
　　（10）フローチャート ……… 99

- 3 テキストを読むときのノート術——整理、補充、書きこみ ………103
- 4 判例を読むときのノート術 ………107
- 5 学説を整理するときのノート術 ………128

第4章　勉強グッズとしてのノート術 ——— 137

- 1 定義カード ………138
- 2 論証カード（規範カード）………146
- 3 原理原則ノート ………162
- 4 全体像ノート ………169
- 5 答案構成ノート ………176

第5章　問題を解くときのノート術 ——— 183

- 1 事例問題を読解するためのノート術 ………184
- 2 事例問題を分析するためのノート術 ………188
- 3 答案構成メモを活用する技術 ………192
- 4 択一模試のノート術（弱点問題ファイル）………196
- 5 択一試験の過去問ノート術（過去問ファイル）………199

第6章　試験に合格するためのノート術 ——— 201

- 1 合格ノート（合格体験記や合格関連書籍を抜粋したノート）………202
- 2 合格者ノート（合格者の話やインタビューをまとめたノート）………209
- 3 情報ノート（出題趣旨や試験情報・データをまとめたノート）………216
- 4 反省ノート（模試や答練を解き終わったあとに書くノート）………226
- 5 学力分析ノート（模試や答練の結果を記録するノート）………233

著者プロフィール ………240

先人の言葉から感じとろう！

アフォリズム…1	米倉明『民法の聴きどころ』………6	
アフォリズム…2	伊藤正己=加藤一郎編『現代法学入門〔第4版〕』………14	
アフォリズム…3	木下是雄『理科系の作文技術』………20	
アフォリズム…4	道垣内正人『自分で考えるちょっと違った法学入門〔第3版〕』………22	
アフォリズム…5	岩志和一郎編著『新版 法学の基礎』………28	
アフォリズム…6	弥永真生『法律学習マニュアル〔第3版〕』………36	
アフォリズム…7	伊藤真『伊藤真の法学入門〔講義再現版〕』………44	
アフォリズム…8	森泉章『法学〔第4版〕』………50	
アフォリズム…9	米倉明『民法の聴きどころ』………55	
アフォリズム…10	吉田利宏『元法制局キャリアが教える法律を読む技術・学ぶ技術〔第2版〕』………61	
アフォリズム…11	星野英一『民法のもう一つの学び方〔補訂版〕』………69	
アフォリズム…12	福澤諭吉・齋藤孝訳『現代語訳 学問のすすめ』………102	
アフォリズム…13	戸松秀典『プレップ憲法〔第3版〕』………106	
アフォリズム…14	川崎政司『法律学の基礎技法』………127	
アフォリズム…15	金井高志『民法でみる法律学習法』………136	
アフォリズム…16	星野英一『法学入門』………145	
アフォリズム…17	我妻榮『法律における理窟と人情』………161	
アフォリズム…18	星野英一『民法のもう一つの学び方〔補訂版〕』………168	
アフォリズム…19	吉田和夫『民法入門』………175	
アフォリズム…20	澤田昭夫『論文の書き方』………181	
アフォリズム…21	山田晟『法學〔新版〕』………187	
アフォリズム…22	辻伸行=宮本健蔵=山崎敏彦『民法の考えかた―身のまわりの事例から学ぶ』………191	
アフォリズム…23	成田博『民法学習の基礎〔第2版〕』………195	
アフォリズム…24	佐藤幸治=鈴木茂嗣=田中成明=前田達明『法律学入門〔第3版補訂版〕』………198	
アフォリズム…25	渡部昇一『知的生活の方法』………200	
アフォリズム…26	イェーリング・村上淳一訳『権利のための闘争』………208	
アフォリズム…27	P.G.ヴィノグラドフ・末延三次=伊藤正己訳『法における常識』………215	
アフォリズム…28	川島武宜『日本人の法意識』………225	
アフォリズム…29	『復刊 あたらしい憲法のはなし』………232	
アフォリズム…30	小泉信三『読書論』………239	

サイトマップ

1　初級編―どのように授業を受ければよいか？

（対象）大学の法学部に入学して間もない人、法律系の資格試験の勉強を始めて間もない人、ロースクールに入学したばかりの学生（特に未修者）など、法律の勉強の初級の人向け

→**総論（第1章）、授業のノート（第2章）**
- 条文を図にする （第1章2　9-13頁）
  …わかりにくい条文を図で整理する
- 板書をノートに書く （第2章1）
  …授業で先生が書いた板書のノートへの書き方を知る
- 関係図 （第2章1　34-35頁）
  …授業で先生が書いた関係図のあつかい方を知る
- 疑問メモ （第2章2　39-43頁）
  …授業中にわきおこった疑問点をメモする方法を知る
- テキストに書きこみオリジナルノートにする （第2章3）
  …授業で聴いた解説を直接テキストに書きこむ方法を知る
- 六法をオリジナルノートにする （第2章3　48-49頁）
  …授業などで解説を聴いた箇所を六法のなかで整理する

予習（第2章4）
復習（第2章5）

2　中級編―どのような分析をすればよいか？

（対象）学部の定期試験や資格試験など、特定の目的をもって勉強をする人、授業の復習を本格的にしたい人向け

→**分析ノート（分析メモ）（第3章）**
　　　…さまざまな方法で分析し、あたまを整理し、理解を深める
- 関係図 （第3章2（1）関係図　71-72頁）
- 時系列 （第3章2（2）時系列　73-77頁）
- 図表 （第3章2（3）図表　77-82頁）
- 関係性のビジュアル化 （第3章2（4）関係性のビジュアル化　83-84頁）
- 大なり記号と小なり記号 （第3章2（5）大なり記号と小なり記号　84-86頁）
- 条文の構造を整理 （第3章2（6）条文の構造を整理　86-88頁）
- 要件ノート （第3章2（6）条文の構造を整理　88-89頁）
- 文字情報のビジュアル化 （第3章2（7）文字情報のビジュアル化　89-91頁）
- マトリックス （第3章2（8）マトリックス　91-95頁）
- ツリー （第3章2（9）ツリー　95-99頁）
- フローチャート （第3章2（10）フローチャート　99-101頁）

テキストを読むときのノート術（第3章3）
判例を読むときのノート術（第3章4）
　　|判例カード|（第3章4　107-108頁）
　　　　…判例をマスターするためにカードで整理をする
　　|論証カード（規範カード）|（第3章4　109-126頁）
　　　　…論証や規範を理解し、エッセンスをおぼえる
　　事案の分析（行為ごとに分析）（第3章4　116-118頁）
　　事例を図解した「関係図」（第3章4　118-119頁）
　　論点の位置づけを分析（第3章4　119-120頁）
　　争点を整理（第3章4　121頁）
　　判例の流れを整理（第3章4　122頁）
　　判例の位置づけを概念ごとに整理（第3章4　123頁）
　　判例の位置づけを論点ごとに整理（第3章4　124-125頁）
　　同じ論点の判例を整理（第3章4　125-126頁）
学説を整理するときのノート術（第3章5）

3　中上級編①──勉強グッズはどのようにしてつくればよいか？

（対象）司法試験や資格試験など本格的に試験を受ける人、資格試験を受ける予定はないが学部の定期試験などに向けて時間をかけてきちんと勉強をしたい人向け

→勉強グッズ（第4章）

　　|定義カード|（第4章1）
　　　　…正確な法律用語をマスターする
　　|論証カード（規範カード）|（第4章2）
　　　　…論文をすらすら書けるよう、準備すべきことをカード化する
　　|原理原則ノート（原理原則カード）|（第4章3）
　　　　…条文の背後にある原理原則をマスターする
　　|全体像ノート（科目別）|（第4章4）
　　　　…科目ごとに法の目的など全体像をおさえる
　　|答案構成ノート|（第4章5）
　　　　…論文式問題の解答について構成（骨組み）をまとめる

4　中上級編②──事例問題や択一問題を解くにはどうすればよいか？

（対象）司法試験や資格試験などで受験する予定の事例問題（論文式試験）や択一問題（短答式試験）の対策として勉強を進めている人、資格試験を受ける予定はないが学部の定期試験などで力を発揮するべく勉強をしたい人向け

→問題を解くときのノート術（第5章）

事例問題を読解するためのノート術（第5章1）
　　|関係図|（第5章1）

　　　　|時系列|（第5章1）
　　　事例問題を分析するためのノート術（第5章2）
　　　　|答案構成メモ|（第5章3）
　　　　　　…論文式問題を解くときに現場で書くメモの書き方を知る
　　　　|弱点問題ファイル（間違い問題ノート）|（第5章4）
　　　　　　…択一式問題で間違えたもの（弱点）を情報としてまとめる
　　　　|過去問ファイル|（第5章5）
　　　　　　…弱点を克服しやすい択一式問題のファイルの仕方を知る

5　上級編―合格するための情報を得るにはどうしたらよいか？

（対象）司法試験などの資格試験に合格することを目的に勉強している人、ロースクール生、試験情報を効率的に収集して合格するための力を確実に身につけたい人向け

　　→**試験に合格するためのノート術（第6章）**
　　　　|合格ノート|（第6章1）
　　　　　　…合格体験記などの情報を1冊に集約する
　　　　|合格者ノート|（第6章2）
　　　　　　…合格者からインタビューをした情報を残す
　　　　|情報ノート|（第6章3）
　　　　　　…試験に関する情報を1冊に集約する
　　　　|反省ノート|（第6章4）
　　　　　　…模擬試験や答案練習会などを受けるたびに自己分析をする
　　　　|学力分析ノート|（第6章5）
　　　　　　…模擬試験などの得点の推移をビジュアル化して整理する

注）わくで囲んだ名称について、
① 「ノート」は、主としてＡ4判の通常ノートといわれるサイズのもの（ルーズリーフやワープロ作成も含む）をいい、
② 「カード」は、Ａ5判以下の通常カードといわれる小型サイズのもの（ワープロ作成も含む）をいい、
③ 「ファイル」は、ルーズリーフで作成した「ノート」などをバインダーにとじたものをいいます。

★どのグッズを、どのサイズ（形式）でつくるかは、もちろんあなたの自由です。

第1章

法律を勉強するために ノートは必要か？

1 授業を受けるときにとるノートの必要性

　大学生くらいになると「ノートなんか書く必要ない」という学生が増えてくるようです。小学校から高校までは学校の先生が黒板に板書をしました。それをノートに書き写すのが授業を受ける基本。大学生になると、もうそんなのはやめよう、卒業しよう、ということのようです。

Chapter : 1-1

「ノートなんか書く必要ない」ってホント？？

　たしかに大学の授業では、先生がていねいに板書をしてくれるものは少なくなります。たまに大きな文字で3文字くらいの言葉をどーんと書くだけのような板書の授業もありますから、板書を書き写すという発想は、大学生以降では考えなくてもよいのかもしれません。

Chapter : 1-2

「第三者」
……って、先生、板書は、こ、これだけですか……。

　しかしだからといって、授業中にノートをとる必要はないという理屈にはならないと思います。

わたしはというと、大学に入り法学部の授業が始まると、先生が話している内容をとにかくそのまま書きまくっていました。1回の授業でノートのページも10頁、15頁と大量に枚数を重ねました。
　こうした書き写しをするだけのノートのとり方も、なにもしないで黙々と話を聴いているよりは効果があると思っています。
　それは手を動かすことで脳が活性化するからです。

Chapter : 1-3

書き写しにも意味がある？

　わたしも授業中に眠ってしまったことはありますが、手を動かしてノートを書き続けているときは、授業が眠くなることはあまりありませんでした。寝ないで先生の話を聴き続けるためにも、授業中にノートを書く必要はあるといえます。

Chapter : 1-4

ノートを書いていると脳が活性化して、
授業中でも眠くならないというメリットはありそうだ。

　もっとも、寝ないための方法論という意味だけでノートが存在しているわけではありません。法律の勉強では、その科目の基礎知識を身につけて、多数の事例を検討し、学説を整理し、最終的には法的思考ができるようになることが求められます。
　先生のしゃべっている内容をただ書き写しただけのノートでは、寝ないで授業を聴くためには役に立つとしても、あとから見直して読みこむ

1……授業を受けるときにとるノートの必要性

グッズとしては物足りない可能性があります。

> *Chapter : 1-5*
> どうせ書くのなら
> 授業のあとに見直して意味があるノートにしたい。

そこで一歩進めて、ノートのとりかたそのものにも工夫があると、よりよいものができます。そのためには、予習もきちんとしておいたほうがよいでしょうし、復習のときに書き加えられるようにしておいたほうがよいかもしれません。

すべてをノートに書くのではなく、テキストに書きこむという方法をとることで、書くべきことを少なくする方法もあるかもしれません。テキストに線を引いたり、マーカーを引いたりすることでテキストをノート代わりに授業を聴く方法もあるかもしれません。

> *Chapter : 1-6*
> 線を引いたり、マーカーを引いたり……
> 　カラフルなノートもいいな
> テキストに書きこむのもありかな。

いろいろな方法があります。**どの方法をとるかはあなた次第です。**授業やテキストとのかねあいで使い分けてもよいでしょう。あなた自身のレベルに応じて変えていく方法もありです。

いずれにしても、**大事なことは授業中に手を動かすことです。**やって

みるとわかりますが、口を動かすことができない授業では、手を動かすことが1番あたまの回転をよくする方法なのです。

Chapter : 1-7

授業中は手を動かそう。
あたまの回転をよくするために。

まずはこれを第1に考えて授業中にノートを書いてみましょう。授業中にノートを書くことを自分の課題にして、書き方の工夫を意識できるようになれば、授業中に爆睡することはなくなります。

Chapter : 1-8

ノートを書けば
授業で爆睡することもなくなる！

ノートの威力、ここにありです。これだけで十分な力になりそうですよね。そんなことたいしたことじゃないって？　まあまあ、最初はゆるく入りました（これも重要なことのひとつですが）。これから少しずつお話していきます。

1……授業を受けるときにとるノートの必要性

先人の言葉から
感じとろう！

アフォリズム………1
APHORISM

「その講義がたとえ実質上は教科書の記載と同じことを述べているにしても、よくわかっている人（教師）の説明を聴くことが理解を深めることに大きく貢献する。……現場でよく聴いていて、ポイントをつかむ。家に帰って読み直そうなどと考えないで、その場でつかめ。現場こそが最も大事な場である。」

……米倉明『民法の聴きどころ』
（成文堂・2003）18-19頁

　学ぶための方法はいろいろあります。本を読むことも大事です。話を聴くことも勉強になります。同じ内容であっても書くことと話すことは違います。受けとる人にとっても、読むことと、聴くこと、これは違います。さまざまなアプローチの仕方で同じ情報にふれる。こうして専門性は育てられていくものだと思います。

2 あたまを整理し、理解するためのノートの必要性

　授業中に書くノートについてお話をしました。しかし**法律の勉強はなんといっても「自習の時間」にかかっています**。
　授業を受けるにあたっても、「**予習の時間**」と「**復習の時間**」が重要になります。最初は授業をベースにするとしても、最終的にはあなた自身が積極的に体系書や判例などを読みこみ、問題を解くなかで、その法律科目の知識と思考を深めていくことが求められます。

> Chapter : 1-9
>
> 法律の勉強は「自習の時間」がとても重要。
> 最終的には、自分で積極的に、
> 勉強を進められるようになろう。

　自分で事案の概要を図にしたり、論点や問題点についてのマトリックスを作成したり、争点や学説の整理表をつくったり。こうしたことができると、体系書やテキストに書かれている内容を具体的に、そして正確に理解することができるようになります。
　最近の法律書は学者の先生が書かれた体系書でも、わかりやすく、図表などが入っているものが増えてきました。従来、図表は自分で考えながら書くしかなかったものです。いまでもやはり「**自分で図にできる力**」が、法律の理解を助ける大きな武器になります。

> Chapter : 1-10
> 体系書や判例などに書かれていることを
> 「自分で図にできる力」は大きな武器になる！

　法律の勉強は、事案の分析という意味では、たくさんの当事者が登場するものが多いです。そのなかに「**時系列**」があります。そこで事案を理解するためには、文章で書かれた文字情報だけではイメージしにくく弱いです。そこでじっさいには、手控えとして「**関係図**」や「時系列」をつくりながら資料を読みこむのがプロの法律家です。

　プロの法律家ですら、事案を理解するために「関係図」や「時系列」などのメモを作成しています。法律の基礎を学ぼうとしているあなたがこれをやらない手はありません。

> Chapter : 1-11
> 「関係図」や「時系列」などのメモは必ず作ろう！

　文章を読むだけで書かれていることのすべてがわかる人は、実務家でもなかなかいるものではありません。

　勉強を始めたばかりの人ほど、ついついかっこをつけて、読めばわかるよ、という態度をとってしまいがちです。じっさいには読んですぐにわかるほど、「法律が問題になる事例」は、単純ではありません。

Chapter : 1-12

読んですぐにわかるほど、
「法律が問題になる事例」は単純ではない！

　実務家でも図を書いたり、会議であればホワイトボードに「関係図」を書いたりして議論をしています。

　体系書やテキストを読んでいてもみえてこない部分ですが、こうした自発的なノートづくり（メモづくり）は、プロの法律家がふだん行っていることで、とても重要なことです。めんどうくさがらずに、事案を読みながら図を書いたり、整理をしたメモを書くくせをつけましょう。ビジュアルにすることで、「なんだ。そういうことだったのか」とあっさりわかることも少なくありません。

Chapter : 1-13

図に書いてみると、
あっさりと理解できることも多い。

　たとえば、**民法などの条文を読むときには、そのつど、図を書いたほうが、理解がだんぜん早くなります。**

　逆にこれをしないと、条文の想定している場面をあいまいにとらえてしまい、条文を誤解して読んでしまったり、正確な理解ができない場合がでてきます。とくに、民法では最初のうちは必ず条文が予定している「関係図」を書くようにしましょう。

　たとえば、民法に、96条（詐欺または強迫）という条文があります。次頁に引用しましたので、ゆっくりと読んでみてください。

2……あたまを整理し、理解するためのノートの必要性

> ●民法96条（詐欺又は強迫）
>
> 「詐欺又は強迫による意思表示は、取り消すことができる。
> 2　相手方に対する意思表示について第三者が詐欺を行った場合においては、相手方がその事実を知っていたときに限り、その意思表示を取り消すことができる。
> 3　前二項の規定による詐欺による意思表示の取消しは、善意の第三者に対抗することができない。」

　全部で3つの場面（1項から3項まで）ありますが、それぞれ具体的な場面をイメージできますか。1項は、たとえばAさんがBさんからだまされて土地を売ってしまった場合（「詐欺」）、あるいはおどされて売ってしまった場合（「強迫」）です。この場合、詐欺や強迫をされたAさんは土地の売買を取り消すことができるという意味です。つまりAさんはBさんに「売った土地を返してください」といえるわけです（⇨図表1）。

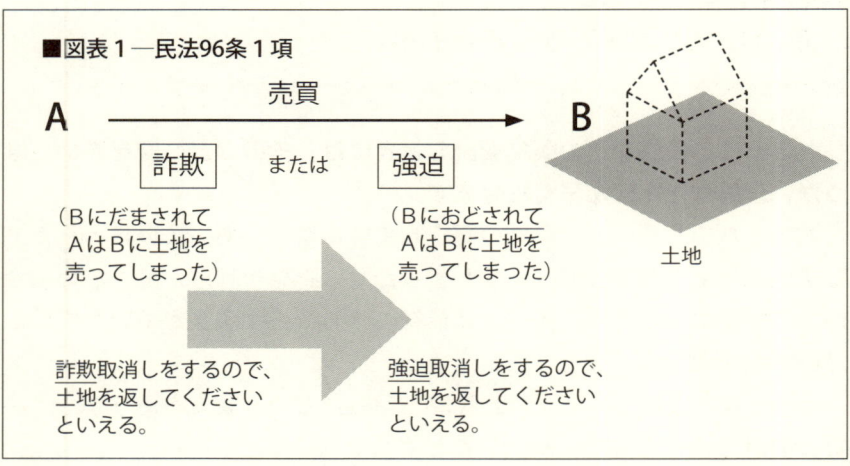

問題は２項と３項です。10頁の条文を読んだだけで、どんな場面のことだかわかりますか。よくわからなかったという方、わかったつもりだったけどうまく説明できないという方は、図に書いてみましょう。まずは、比較的わかりやすい、３項からみていきます。

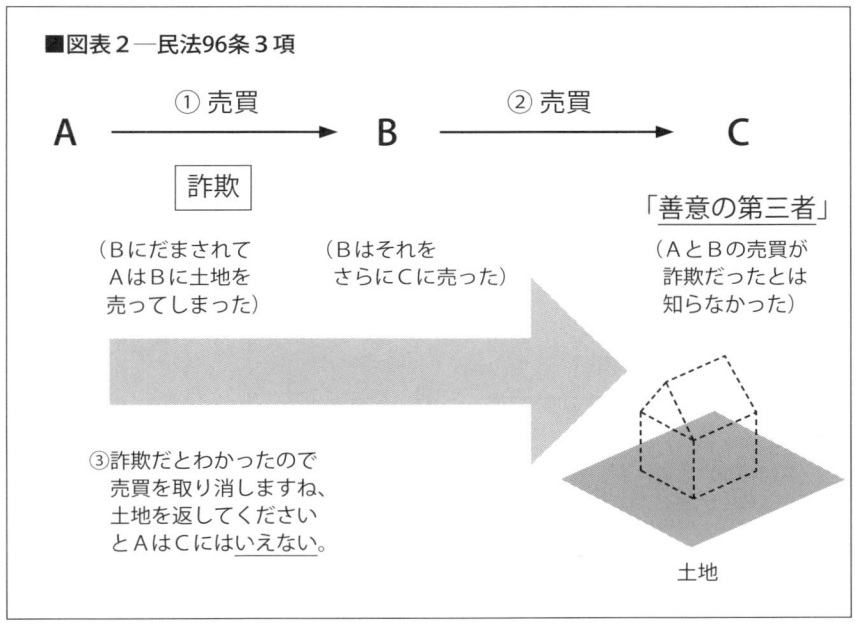

　「善意の第三者に対抗することができない」というのは、図表２のように、ＡさんがＢさんにだまされて土地を売った場合でも、そのことを知らないで譲り受けたＣさん（「善意の第三者」）には「詐欺取消し」の主張はできないという意味です。ちなみにここにいう**「善意」というのはそのことを「知らない」という意味**です。逆に**「悪意」というのはそのことを「知っている」という意味**です。
　なお、96条１項には「強迫」もありましたが、96条３項には「詐欺」し

かありません。「詐欺」はだまされた人にも落度があるのに対して、「強迫」は、おどされた人に落度があるとはいえないので「善意の第三者」に対しても取消しを主張できます（反対解釈）。これが96条3項に「強迫」がないことの意味です。

では、2項はどういう場面でしょうか。図表3をみてください。

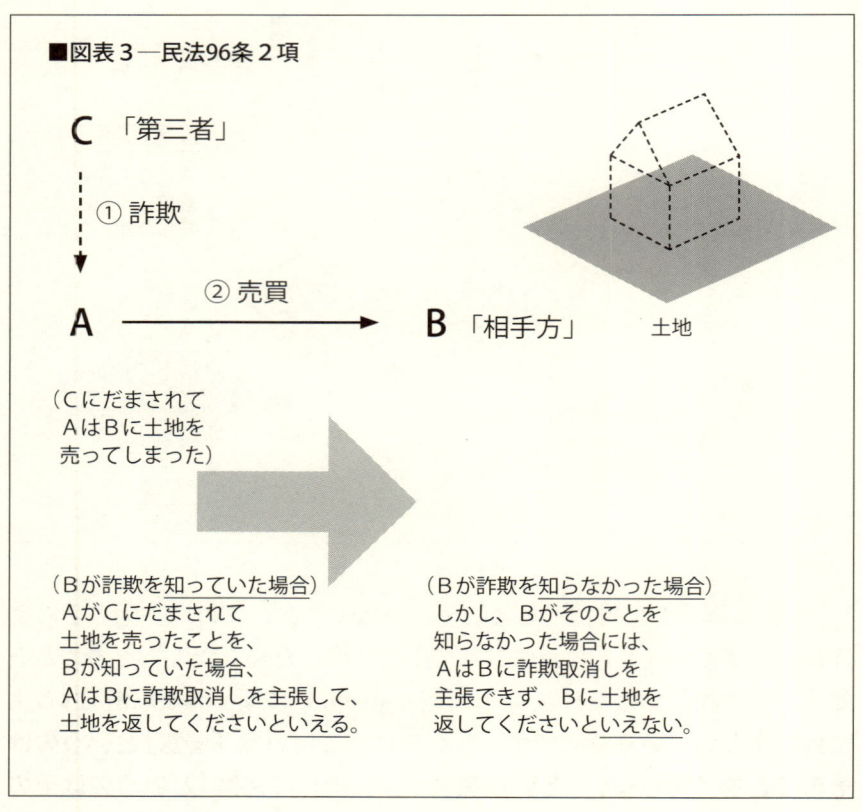

図表3のとおり、96条2項は詐欺が「第三者」（C）によって行われた

場合です。なお、96条3項と同じで「強迫」はのぞかれています。第三者からの強迫の場合には、詐欺と違って、相手が強迫の事実を知らなかったとしても、取消しを主張できるということです（反対解釈）。

民法の条文では具体的な事例をはっきり書かずに「相手方」「第三者」といった言葉がでてきます。前提の事例が書かれていないため、「図」にしないとなかなか意味がとらえられない場合もあります。

条文の場面を「図」にするとイメージがわきます。はっきりとわかれば、条文に対するアレルギーもなくなるはずです。

ほかにも争点を整理するとき、学説の分岐点を探るとき、体系書に書かれている文章や判例を読みこむときなどにも「図」を書いてみましょう。あなたの理解を助けてくれるはずです。

整理されたテキストでも、完ぺきなものはありません。自分で不十分だと思ったところや、よくわからないと思ったところは、どんどん書きこみをして精度を上げていきましょう。

こうした作業をすることで、あたまが整理され、正確で深い理解をすることができるようになります。この意味でのノートづくりはとても重要です。

先人の言葉から
感じとろう！

アフォリズム………2

APHORISM

「法は自然科学の法則のように必然性をもたず、それからみれば偶然性と恣意性をもつようにみえるけれども、法学の基本となるのは、論理的なものの考え方である。論理的な思考法を学ぶ最も適当な場所は、現在では、法学であるといわれるのは理由のないことではない。法学は、頭脳と科学的思考の方法や技術になじませる訓練を行うものとして、おそらく最も適したもののひとつであろう。」

……伊藤正己＝加藤一郎編『現代法学入門〔第4版〕』
（有斐閣双書・2005）4-5頁

「法律の勉強って六法全書を暗記するんでしょ？」といわれることがあると思います。大学受験まではものをおぼえることが勉強でした。その名残(なごり)があるので、そんなイメージをもってしまうのだと思います。専門性を育てるためには、基本的な用語や判例の知識を記憶することも必要です。しかし1番大事なことは、独特の思考ができるようになることです。それが法的思考です。

3　勉強グッズとしての
　　ノートの必要性

　法律の勉強というと、かたいイメージがあるかもしれません。六法全書を全部おぼえるとか、むずかしい漢字の法律用語ばかりの本を読み、苦節10年ガリガリ勉強し、やっと合格できる司法試験。法律の勉強というだけで、みがまえてしまう方もいるかもしれません。

> *Chapter : 1-14*
> 法律の勉強……って最高にかたそう……？

　あなたが、大学受験や高校受験などの試験勉強をしていたときのことを思い出してみてください。これらの試験にも、かたいイメージがありませんでしたか。

> *Chapter : 1-15*
> 大学受験？　予備校？　浪人？←くらそう〜
> 　　　　　　　　　　　　　　　　　　（by 小・中学生）

　でもあなたはおそらくその試験を（たいへんであったにしても）どこか楽しみながら勉強をしたのではないでしょうか。
　マーカーをぬってカラフルなテキストにしたり、図やイラストを入れたノートをつくったり、いろんなカラーペンを使ったり……そんなこと

をしていると、あっという間に時間がたってしまう。やってみると全然くらくないし、勉強は意外と面白い（試験はつらいけど）。そんな経験があなたにもきっとあるはずです。

> *Chapter : 1-16*
> **いままでの勉強も、
> 意外と楽しんでこれました（よね）？**

　法律の勉強も同じです。勉強しなければならない対象は、たしかにいっけんすると、いかつい六法全書です。しかし最近は書店に置かれている六法全書もカラフルな装丁(そうてい)で、なじみやすいものが増えています。テキストもイラストや色の入ったわかりやすいものがたくさんあります。なによりじっさいに法律を勉強している人たちは、どこにでもいる、今ふうのおしゃれな学生だったりします。
　かたいとかくらいとか……そんなイメージは気にしないことです。たしかに法律は勉強する対象は量が多く、ちょっとやそっとの勉強では歯が立ちません。しかし、勉強するぞ！という熱意がある方がきちんと勉強をしていけば、必ずやみつきになるほど面白い学問です。

> *Chapter : 1-17*
> **熱意をもって取り組めば
> 法律の勉強は、やみにつきになる。**

　それを仕事にしてしまえばさらに面白くなります。法律を使う仕事はたくさんあります。裁判官、検察官、弁護士にかぎらず、司法書士、行政書士、税理士……なども法律を使う仕事です。公務員（国家公務員、

地方公務員）も法律に基づく仕事をする職業です。
　さあ、あなたはなにになりますか？

Chapter : 1-18

あなたも法律家になれる！
（勉強すれば……だけど。でも、勉強すれば……なれます！）

　どの職業も、試験制度で決まるものは、努力をして勉強し、試験に受かればなることができます。法律関係の仕事は、スポーツ選手や芸術家とは違います。試験に受かるまで勉強すればなれるのです。
　限界をつくらなければ、なににでもなれる可能性があります。

Chapter : 1-19

あなたがなりたい法律係の職業はなんですか？
例）裁判官、検察官、弁護士、裁判所書記官、国家公務員、
　　地方公務員、司法書士、行政書士、税理士……など。
（1番なりたいもの　　：　　　　　　　　　　　）
（2番目になりたいもの：　　　　　　　　　　　）
（3番目になりたいもの：　　　　　　　　　　　）

　どうです？　夢がワクワクひろがってきませんか。なりたいと思う熱意が、勉強を続ける原動力になります。
　熱い想いを感じることはよいことです。**熱意があるうちに、楽しく勉強できる環境をつくってしまうことが重要です。**

Chapter : 1-20

熱意があるうちに、楽しく勉強できる環境をつくろう！

　環境といってもおおげさな物理的な施設のことではありません。文房具屋さんにいけばすぐに手に入れられる文具、パソコンでつくることができるカードやノートでよいです。大事なことは法律を勉強するための楽しいグッズをつくる方法を知ることです。もちろんつくり方に方式（公式）はありません。自分でオリジナルなグッズを考えるのもよいでしょう。先輩に聞いてみるのもよいでしょう。

　わたしがつくっていたのは、「**定義カード**」「**論証カード**」「**答案構成ノート**」（⇨第4章）などです。初学者の方や、新司法試験の傾向などを考えるとロースクール生の方などは「**規範カード**」や「**原理原則ノート**」「**全体像ノート**」をつくってみるのもよいと思います。法律の勉強は、基礎になる概念や規範（法律の効果が発生するための要件）などを理解して、おぼえることが出発点になるからです。

Chapter : 1-21

法律の勉強も、やはりおぼえなければ始まらない。

　法的思考（リーガル・マインド[1]）が大事だといっても、法律家の思考ができるようになるためには、まずその思考で使う言葉（英語でいえば英単語）や規範（数学でいえば公式）、科目の全体像（英語でいえば英文法

やイディオム)を正確におぼえることが起点(スタートライン)になります。

> *Chapter : 1-22*
> ## 法律的に考えるためには、
> ## まずその言葉を知る必要がある！

　そのためのグッズは、楽しく面白く、わかりやすくつくることです。これができれば、よい波に乗って、勉強が続くようになります。

1　リーガル・マインドというのは、さまざまな定義がありますが、ひとことでいえば法律家が使う独特な考え方のことです。「法的思考」とも呼ばれています。その意味は、条文や判例をベースにしながら、「法的三段論法」(⇨177-178頁)にしたがって、その事案の妥当な解決を論理的に図ることです。勉強を重ねるうちになんとなくわかってきますので、最初のうちは「法律の勉強でマスターしなければならない思考法」だと思っておけばよいです。

先人の言葉から感じとろう！

アフォリズム………3
APHORISM

「私は、資料ぜんぶに通しページ番号を打ち、拾いあげるべき項目ごとにカードをつくり、各カードにその項目が出てくるページ番号を入れた。カードは数百枚に達した。次にそれを、将来ひとつの小節にまとまるだろうと思われるグループごとにゴム輪でまとめた。一つのグループは数枚以下として、まとめた束にそのグループの内容をあらわすことば（小節見出し）を書いたカードをつけた。」

……木下是雄『理科系の作文技術』
（中公新書・1981）56頁

　いまも昔も勉強に大きな変化はないのだと思います。仕事ではデジタル化が進み、アナログ情報は衰退しています。しかし喫茶店にいってみると、勉強をしている学生さん、社会人の方の多くは手書きでノートを書いています。勉強は仕事と違って最短で処理をすればよいものではありません。たっぷりと時間をかけてでも、先人の知恵を自分のものにする「学び」が大切です。

4 問題を解くときなどに手を動かす必要性

　授業を聴くときに手を動かすと脳が活性化するので、ノートを書くとよいです、というお話をしました。
　もちろん、ノートになにを書くか、これが1番重要です。しかしなにかをするときに手を動かすことは、そのなにかの理解を助ける活動になるメリットがあります。

Chapter : 1-23

手を動かすことは、理解を助ける活動になる。

　たとえば、体系書を読むとき、テキストを読むとき、判例を読むとき、過去問を解くとき、じっさいに試験会場で試験問題を読むとき……などです。手を動かさないで、ひらすら目で文字を追うよりも、同時にテキパキと手も動かしたほうが、理解が進みます。

Chapter : 1-24

- 体系書を読むとき　・テキストを読むとき
- 判例を読むとき　　・過去問を解くとき
- 試験会場で問題文を読むとき……など。

　　　　　　　とにかく手を動かそう！

| 先人の言葉から感じとろう！

アフォリズム………4
APHORISM

「書かれた言葉は、それを書いた者の意思を離れ、読む側にさまざまに解釈されることになる。宗教の世界では、ひとつの聖典の解釈をめぐって宗派が分かれ、時として、その対立は戦争にまで発展する。法律の世界も、言葉によって秩序を作ろうとするものであるから、法解釈のあり方は最重要課題のひとつである。」

……道垣内正人『自分で考えるちょっと違った法学入門〔第3版〕』（有斐閣・2007）158頁

　法学にはさまざまな学説があります。ひとつの条文の解釈をめぐり、おどろくほどたくさんの考え方があります。これは条文という固定された文字情報が読まれるときに起きる必然なのだと思います。ここから学ぶべきは、あなたが答案に書いた文章も解釈されるということです。「こういうつもりで書いたんです」は通用しません。言葉をていねいにあつかえることが大切です。

5　試験に合格するための ノートの必要性

　法律の勉強を本格的にしたいと思っている方は、法律系の試験にトライしてみるのがよいと思います。目標があってはじめて人は本気で物事に取り組むことができるからです。

> *Chapter : 1-25*
> **本格的に勉強したいなら、
> なにか試験を受けてみよう！**

　法律家になりたい人が目指す試験の最高峰(さいこうほう)は**「新司法試験」**でしょう。そのまえに法科大学院の**「適性(てきせい)試験」**に合格し、ロースクールに行く必要があります。現在では**「予備試験」**といって、法科大学院に行かなくても力があれば新司法試験を受けるルートもあります。

> *Chapter : 1-26*
> **法律家になりたいなら、新司法試験？**

　新司法試験に合格すれば、裁判官、検察官、弁護士のどれかになることができます。
　「新司法試験」というのはロースクール（法科大学院）制度が存在していなかったころの試験を「旧司法試験」と呼ぶこととの対比ですが、現

在は「司法試験」と呼ばれています（本書では、「旧司法試験」との対比上、便宜的に「新司法試験」と呼びます）。

日本では、2004年にロースクールが創設され、2006年から新司法試験がスタートしました。

Chapter : 1-27

**新司法試験に合格すれば、
裁判官、検察官、弁護士
のどれかになれる！**

正確にいうと新司法試験に合格したあと、司法修習という研修期間を経て「2回試験」という最終試験に受かってはじめて、①裁判官、②検察官、③弁護士のどれかになれます（①裁判官、②検察官になるためには、修習期間中に研修所の教官に意思表明をし、さらに任官試験にパスする必要があります）。

弁護士登録をした人は、行政書士、税理士、弁理士などになることもできます（それぞれの資格試験を受けることなく、登録をするだけでなることができます）。最近では、インハウスロイヤー（企業内弁護士）といって、企業の法務部などに就職する人も増えています。

合格すれば、さまざまな可能性がでてくる試験だといえます。

Chapter : 1-28

**新司法試験に合格すれば、いろいろな道が
用意されている！**

このようにさまざまな道が用意されている新司法試験は、それだけ難

関の試験です。かつては2〜3％の非常に狭き門でした。新司法試験になってからは20％以上の合格率。とても受かりやすくなりました(2011年は23.5％でした[2])。

Chapter : 1-29

旧司法試験＝2〜3％の狭き門（97〜98％が不合格だった）
↓いまは……？
新司法試験＝20％以上は合格できる（受かりやすくなった！）

もっとも新司法試験は「三振(さんしん)制度」があります。受験資格を取得してから、5年以内に3回までしか受験することができません。3回目で不合格になるとアウトです。

受かりやすくなったとはいえ、むかしの旧司法試験のように10回も20回も受けることはできません。

Chapter : 1-30

合格率は高いけど、受験できるのは3回まで。

したがって、**どうしたら合格できるかを研究しておくことも重要**になります。これは新司法試験にかぎらず、国家公務員、地方公務員、司法書士、行政書士……など、どの資格の試験でも同じです。試験である以上、資格試験といっても、じっさいには競争試験です。

---

[2] いずれも法務省公表の合格率（対受験者数）。新司法試験がスタートしてからの合格率は、2006年が48.3％、2007年が40.2％、2008年が33.0％、2009年が27.6％、2010年が25.4％で、年々低くなっています。

残念ながら、よくできていれば、全員でも合格させてくれるような、あまい試験ではありません。毎年だいたいその試験ごとに合格者数が決まっており、そのなかに入ることが必須の競争試験なのです。

Chapter : 1-31

法律系の資格試験は、じつは……競争試験。

　そこで、どうしたらその試験に合格できるかを、素直に、謙虚に、注意深く、研究することが、合格するための大きな要素になります。
　ここで登場するのが「試験に合格するためのノート」です。これは「**合格研究ノート**」といってもよいでしょう。どうしたら合格できるのかについての情報を集約したノートです（本書では、「合格ノート」「合格者ノート」として、第6章で紹介します）。

Chapter : 1-32

**「試験に合格するためのノート」に、
合格に関する情報を集約しよう。**

　資格試験は、大学受験までの試験と異なり、その資格をとって実務家(プロ)として仕事をできる人かどうかが試されます。そこで単に勉強して暗記した知識の多い人が受かるのではなく、実務（＝仕事）をする資質があるかどうかが問われています。
　大学受験以上に、求められているものが何かを知ることが、重要になるのです。

> *Chapter : 1-33*
>
> 実務家として仕事をできる人かが試される。
> ↓だから
> 試験の問われ方が大学受験までとは違う。
> ↓それで
> 合格を研究する必要がある！

このことは、ぜひ知っておいてください。

　合格のイメージをまとめたノートは、ふだんから読み返すようにするほか、模擬試験（模試）や答案練習会（答練）などの前にさっと読むようにするとよいです。答案に書くべきことのイメージがあたまに焼きつき、そのイメージでトレーニングをすることができるからです。

　これを日ごろからくり返しておけば、本試験の直前にさっと読み返すことで、試験の当日にすべきことを再確認できます。そして、まわりの情報にまどわされずに、自信をもっていままでやってきたことをぶつけられる心理状態をつくることができます。

|先人の言葉から感じとろう！|

アフォリズム………5

A P H O R I S M

　「問題は「正しい」とか「正しくない」という判断は、何を根拠に行うのかということである。ある事柄の内容の評価は、評価者の価値観によって分かれる。そのため正しさの判断をつけることには多くの困難が伴うが、最終的には人間がこれまで積み重ねてきた経験を踏まえ、個別に判断しなければならないであろう。」

……岩志和一郎編著『新版 法学の基礎』
（成文堂・2010）4頁

　同じ事件なのに裁判所ごとに考え方や結論が違う。判例を読むとこうした事態に直面します。答えがひとつの勉強をしてきたあなたはとまどうかもしれません。わたしも法律の勉強を始めたころにカルチャーショックを受けました。どれが答えなのかわからずに、なにをどのように勉強すればよいのか悩みました。しかしさまざまな価値観にふれること、これが勉強になるのです。

第2章

授業を受けるときにとる
ノート術

1 授業を受けるときに板書はノートに書くべきか？

　法律の講義を聴くときに、板書をノートに書き写すことは必要でしょうか。
　高校までの授業では、学校の先生がていねいに板書をしてくれました。そのままノートに書き写すだけでいい、要点が整理された板書をする先生も多かったと思います。

> *Chapter : 2-1*
> 高校生までは、学校の先生がていねいに、
> 板書をしてくれたので、
> そのまま書き写すだけで「整理されたノート」ができた。

　しかし大学に入ると、法学部の授業で学者の先生が板書をバンバン書くという光景はあまりみかけません（大学時代に教わった小林秀之教授の『民事訴訟法』『国際民事訴訟法』の授業では、板書がていねいにくわしく書かれました。ただ、こういう授業は多くはないと思います）。

> *Chapter : 2-2*
> 大学の法学部の授業になると、学者の先生は
> 板書をていねいに書いてくれない（のがフツウ）。

　多くの学生は、どういうふうにノートを書けばよいか迷うことになり

ます。大学で初めて民法を教わった辻伸行先生は、最初の授業でこうおっしゃいました。「最初のうちは、ライティング・マシーンのように、とにかくノートを書きまくることが重要です。」18年前のことですが、いまだにおぼえているので、相当にインパクトがあったのだと思います。

Chapter : 2-3
最初はとにかくライティング・マシーンになれ！

ライティング・マシーンというのは、板書だけを意味するものではありません。学者の先生がマイクで話される、ひとことひとことをもらさずノートに書こうという意味です（この点については、あとでくわしくお話をします）。ここでは板書をノートに書くべきかについて、考えてみましょう。

Chapter : 2-4
板書はノートに書くべきか？

板書は授業を担当される先生によって、個性がでてくる部分です。要点をまとめた板書をされる先生の授業であれば、板書をそのまま書き写した方がよいでしょう。これは高校までの授業に近いスタイルの板書の場合です。

> Chapter : 2-5
> **要点がまとまった板書の場合は、**
> **そのままノートに書き写そう！**

　オレはもうノートはとらないと、かっこをつけた学生も登場するのが大学以降です。でも、優秀な生徒ほど、板書をきちんとノートに書いています。先生があえて板書をされるのですから、だまされたと思ってノートに書くことをおすすめします。
　ここで注意すべきは「ただ書いていればよい」というわけではない、という点です。高校までの授業ではノートを意味もわからず板書にそって書き写していればノートが完成し、試験のまえにパラパラめくりながらおぼえれば、それで得点がとれたかもしれません。

> Chapter : 2-6
> **高校までの授業では、意味もわからず、**
> **板書をそのままノートに書いていても大丈夫だった。**

　しかし大学以降の法律の授業ではそうはいきません。基本は先生がマイクで話されている内容を集中して聴くことです。それを板書をとるときに手を動かすことになるので、脳が活性化する作用はあります。そのノートをあとで見返せば復習をすることもできます。
　同時に六法の条文を引き、テキストを開き、そしてメモ的に板書も書くのです。

> *Chapter : 2-7*
>
> 大学以降の法律の授業では、
> 板書だけとっていればいい……わけではない。
> 授業をきちんと聴き、六法を引き、
> テキストを開き、メモ的に板書もノートにとろう。

　板書をほとんどしない先生もいらっしゃいます。たまにふいに「権利」などと2〜3文字程度の単語を板書されるだけの先生もいます。

> *Chapter : 2-8*
>
> 「権利」（…えっ？）

　こういう板書は、この言葉をノートに書きなさいという意味ではないでしょう。おそらく、話し言葉で生徒に意味が通じたかを確認するため、漢字で板書をし、用語を確認しているのだと思います。もちろん、その言葉を特に強調したくて板書をする場合もあるかもれしれませんが。

> *Chapter : 2-9*
>
> 大きな文字で言葉だけを書く板書は、
> 先生が「話し言葉」のなかで登場した用語について
> 「書き言葉」で意味を確認するもの。

　こうした板書はあなたが先生の話を耳で聴いた段階で「権利」だと認

識できているのであれば、あえて板書をする必要はないしょう。このタイプの授業の場合には、先生の話す内容をノートに書いていくことになります。

> Chapter : 2-10
> 言葉をたまに板書するだけの授業
> →基本は先生の話をノートに書く。

　法律の学習では事例が必ず登場します。そこで事例を「図」にしたものが板書されることもよくあります（⇨図表4）。
　これは複雑な事案（そうでなくても）をビジュアル化することで、授業を受けている人の理解を助ける機能をもっています。

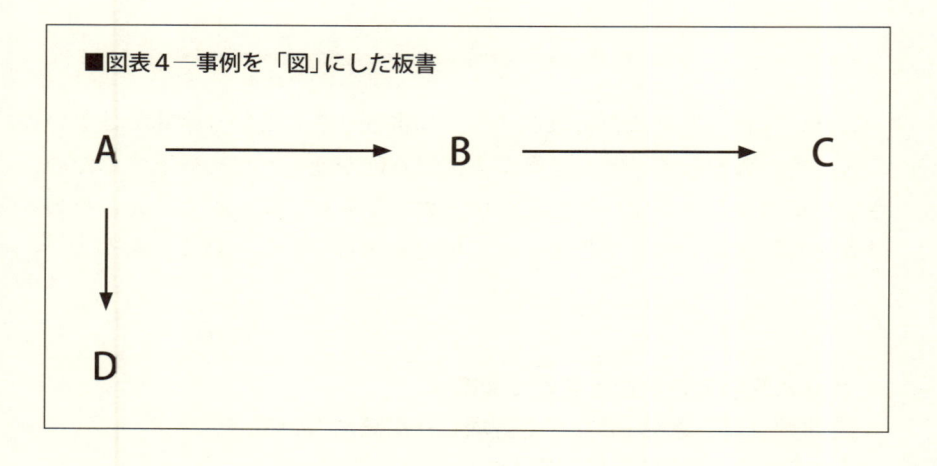

■図表4―事例を「図」にした板書

```
A ─────→ B ─────→ C
│
↓
D
```

　こうした「図」が板書されたときには、素早くノートに書き写しましょう。大学の先生は「図」を書くことよりも、話をするほうに重点を置いています。しかし生徒のために（共通認識としてあったほうが説明しや

すいので)「**関係図**」を板書します。
　ゆっくり書いてくださる先生は少ないため、素早く書くことがポイントです。「関係図」は書き写すことに意味があるのではなく、書き写したうえで授業の内容を理解することに意味があるからです。

Chapter : 2-11

事案を分析した図が板書されたときには、
ささっとノートに書き写そう。

先人の言葉から感じとろう！

アフォリズム………6
APHORISM

「そこで、友人たちを見ていると、とにかく、1語ももらさずノートをとり、あとで整理するという方針をとっていたようで、わたしも2年目にはそれに切り替えました。つまり、どこが大切で、どこがそうでないかが分かるまでは、網羅的にノートをとるというのが賢いのかもしれません。」

……弥永真生『法律学習マニュアル〔第3版〕』
（有斐閣・2009）74頁

　授業中は、なにをするのが1番よいのでしょう？　先生の話に耳を傾けるのが1番でしょうか。ひたすら自分のあたまで考えることが1番でしょうか。先生の話をノートに書き続けるのが1番でしょうか。あるいは眠るのが1番でしょうか。となりに座っている友達とひそひそ話をするのが1番でしょうか。どれも正解だと思います。答えはあなたの目標と状況にあるのだと思います。

2 　授業を受けるときはノートになにを書けばよいのか？

　板書に要点が整理されている授業では、板書をそのままノートに書き写すことが大切です。このことはすでにお話しました。大きな理由は、その先生が大事なことをまとめた項目になっているはずだからです。

> Chapter : 2-12
>
> **要点が整理された板書は、**
> **その先生がかいた汗の結晶です。**
> **そのまますべてキレイに書き写しましょう。**

　板書されたもののうち、なにが重要でなにが重要でないかを、自分で判断してはいけません。
　その道の先輩である先生の汗の結晶をまずは受け入れましょう。最初は素直になることが、成長のポイントです。

> Chapter : 2-13
>
> **素直になることが成長のポイント。**

　板書をすべてノートに書きとっておき、授業のあとで読み返して、重要だと思うところにマーカーや色ペンをぬれば、メリハリがつきます。しかしそのことは授業のあとでやればよいことです。授業中にノートを

とることは、時間との戦いです。勝手な判断をしないで、授業中はとにかく板書を書き写しましょう。

> *Chapter : 2-14*
> **授業中は余計なことは考えずに、板書を書き写そう。**

いろいろ考えているうちに板書が消されてしまう、ということもあります。時は金なり、です。

板書以外になにを書いたらよいでしょうか。ひとつは先生の話です。「関係図」が書かれた板書も必須でした。できるかぎり、ライティング・マシーンになることです。

> *Chapter : 2-15*
> **先生の話や、板書された関係図を
> ライティング・マシーンになり、書き写そう。**

早口で弾丸トークの先生も多いかもしれません。法律の専門家は、おしゃべりが多いです。これは言葉を専門にした職業だからだと思います。息つく間もないという授業であれば、まずは、ここまで書ければ最低限はクリアです。

しかし板書や先生の話をノートに書くのは受け身の作業です。できれば、アグレッシブにあなた自身の「**積極的なメモ**」も書きたいところです。

> Chapter : 2-16
>
> できれば、アグレッシブに、
> あなた自身の「積極的なメモ」もノートに書こう。

　なにを書いたらよいでしょうか。ひとつは、授業中にわきおこってきた疑問点です。
　これには、①先生の話で理解できなかったところ、②先生の話を聴いて自分のなかでわきおこってきた疑問、③発展的に類似の事例を思い浮かべて生じた新しい問題点などがあります。

> Chapter : 2-17
>
> 授業中にわきおこった疑問点にもいろいろある！
> ① 先生の話で理解できなかったところ
> ② 先生の話を聴いて自分のなかでわきおこってきた疑問
> ③ 発展的に類似の事例を思いうかべて生じた新しい問題点

　こうした疑問は思いついたときに、すぐにメモを書き残しておきます。授業中にふとあたまをよぎった疑問点は、そのままにしておくと永遠に忘れてしまうおそれがあるからです。
　思いついたものは、すべてメモに残しましょう（「**疑問メモ**」）。

> *Chapter : 2-18*
>
> 授業中に思いついた疑問点は、
> その場ですぐにメモに残そう！
> そうしないと永遠に思い出せなくなる……（これは危険）

　疑問点は、板書などをふくめた授業のメインのノートのはしっこなどに書きこみます。同じ色（黒）で書いてしまうと、ノートのなかにうもれてしまうおそれがあります。そこで疑問点は、赤ペンなどを使って目立つ色で書くようにしましょう（⇨図表5）。
　そのうえで、その「疑問メモ」の1番上に「？」などの疑問を意味する「**？マーク**」(ハテナ)をつけ、横にふせんをはりましょう。

> *Chapter : 2-19*
>
> 疑問メモは、ノートのなかに、赤などの目立つ色ペンで
> 「？マーク」を大きくつけて書き、横にふせんをはろう！

　こうすることで授業が終わったあとで、「**？マーク**」の部分をすぐにチェックして調べることができます。できたらその日のうちに図書館や自宅にある書籍などを使い、徹底して答えを探しましょう。

> *Chapter : 2-20*
>
> 「？マーク」をつけた赤ペン部分は、
> 授業がおわったあと、その日のうちに、
> 徹底して調べよう（先生や先輩、友達に質問しよう）

答えがわったときは、「**A**マーク」(Answer mark)などをつけてその答えをていねいに書いておきます。「Aマーク」をつけて答えを書き終わったものは、ふせんをはがします。

　答えがわからないときでも、少し議論が進歩したときにはわかったところまでの思考プロセスや、さらに調べるべきことなどを書きこんでおきましょう。

Chapter : 2-21

答えまでわからなかったときでも、
調べることで議論が進んだときには、
そのプロセスも書いておこう！（ふせんは残しておく）

　ふせんは残しておきます。いずれなにかのときにピンときて「あっ、あのときの疑問の答えはこれだったのか」とわかるときがきます。そのときにはふせんをたよりに、またもどってきて、たどりついた答えを「Aマーク」をつけて書きこみます。

　これでその疑問点は解決です。ふせんをとり、「？マーク」は上から線などを引き消しましょう（これにて疑問解決、という目印です）。

Chapter : 2-22

疑問点が解決したら、
① 「**A**マーク」をつけ答えを書きこむ。
② 「？マーク」を上から線などで消す（疑問が解決した目印）。
③ ふせんをはがす。

イメージとしては、図表5のようになります。

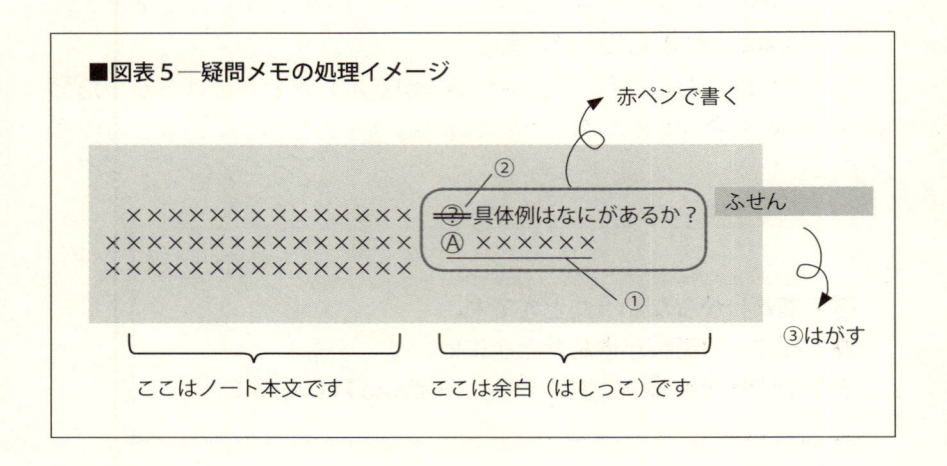

■図表5―疑問メモの処理イメージ

```
                              赤ペンで書く
                         ②
                        ─具体例はなにがあるか？    ふせん
    ××××××××××××××
    ××××××××××××  Ⓐ ××××××
    ××××××××××××
                         ①                ③はがす

    ここはノート本文です   ここは余白（はしっこ）です
```

　このくり返しをすることで、ほんとうに授業の内容を理解したことになります。授業中にわきおこった疑問をその場で（授業中に）考える方法もあります。しかし、これをしていると先に進めなくなります。

　先生の話はあなたのペースで進んでくれるわけではありません。疑問が生じたときには授業が終わってからあとで調べることにし、授業中は「？マーク」をつけ、ふせんをはるのでとどめましょう。

　こうすることで、授業中になにかの疑問であたまがフリーズする（他の情報がしゃ断される）ことを防ぐことができます。

Chapter : 2-23

授業中にわきおこった疑問に対して、
ノートにささっと赤ペンで書きこみ、
あとは「？マーク」をつけ、ふせんをはるにとどめよう。

それ以外にも手を動かせる余裕があれば、とにかくなんでもノートに書きこんでいきましょう。先生が板書をされない場合でも、事案がわかりにくければ（あるいは単純でも）、ささっと手を動かし「関係図」をノートに書くと、話も理解しやすくなります。
　ノートを活用することで、フル回転で、全力で授業を受けることができるようになります。

先人の言葉から
感じとろう!

アフォリズム………7

APHORISM

「たとえば、法学部で学ぶ専門科目には、憲法、民法、刑法、英米法、法制史、法思想史、法社会学などさまざまなものがありますが、法を学ぶというときにその中心になるのは、憲法、民法、刑法など実定法の解釈です。「憲法を学ぶ」「民法の講義を聴く」というのは、基本的には憲法や民法の解釈を学ぶことをいいます。」

……伊藤真『伊藤真の法学入門〔講義再現版〕』
（日本評論社・2010）39頁

教科書に書かれている答えはひとつ。読んで理解し（理解しなくても）暗記すればいいや。答案用紙にはきだせば、点数がもらえる。こうした文化に親しんできたあなたが、法律の試験で問われているものがわからなくなるのは自然なことです。わたしもわかりませんでした。解釈を学ぶことは条文を学ぶことです。学説の理由や反対説からの批判を学ぶことは論理を、学ぶことです。

3 授業を受けるときはなにに書くのがいい？——ノート？テキスト？

　これまでお話してきた授業中のノートづくりは、基本的にはまっしろなノートに書きこむものでした。もちろんパソコンのほうがしっくりくるという方はパソコンでもよいです。個人的には手書きをおすすめしますが、人によって感性や傾向は違います。ノートは、デジタルでもよいと思います。

Chapter : 2-24

あなたは、どちら？
A　ノートに書きこむタイプ
B　パソコンに打ちまくるタイプ

　もうひとつあります。テキストや体系書などの教材に書きこんでしまう方法です。
　授業が先生の書かれたテキストにそって行われている場合や、先生が書かれたものでなくてもテキストどおりにひとつひとつみていく授業だと、あえて１からノートをつくらなくても、すでにテキストにベースが書かれているという場合があります。
　先生が配布したレジュメにそって授業が行われる場合も同じです。この場合は、レジュメが事前に配られた板書だといえるでしょう。

> *Chapter : 2-25*
> こんなときは、1からノートをつくらなくてもOK！
> ① テキストの記載内容にそって授業が行われる場合
> ② 配布されたレジュメにそって授業が行われる場合

　ノートを1からつくるエネルギーを節約できるように配慮された授業といえます。とくに予備校などの講義では、テキストやレジュメなどの教材で、すでに板書的要素がつめこまれているものが多いです。この場合には、そのテキストやレジュメに書きこみをしてくのが、効率的でよいでしょう。

> *Chapter : 2-26*
> テキストやレジュメにそった授業では、
> テキストやレジュメがノート代わりになる。
> 直接どんどん書きこもう！

　このタイプの授業の場合には、ライティング・マシーンになる必要がないため、聴きながら考えることに集中できます。その意味でとても親切な授業だといえます。
　しかし、こうした授業をあたりまえだと思ってはいけません。ありがたい授業だと思い感謝しましょう。そのテキストやレジュメができるまでには、たくさんの人たちの汗があるはずだからです。

> *Chapter : 2-27*
> 内容が整理されたテキストやレジュメがある授業は、
> ほんとうにありがたいです。

　テキストやレジュメのない授業は、本来あたりまえのものです。それをわるく言ってはいけません。
　与えられた授業のなかで、どれだけ積極的に学んでいけるか、それが法律の授業では問われています。社会にでたら、そこまで便利なテキストやレジュメはありません。

　ここで大事な視点は、テキストやレジュメ、さらには体系書なども、もともとは存在していなかったということです。
　だれかが（先輩方が）汗を流して後輩のためにまとめる努力をされてきたのです。その結晶を最初から手にして、勉強できる環境。これほどめぐまれたものはありません。

> *Chapter : 2-28*
> わかりやすく整理されたテキストやレジュメ、体系書。
> 10年まえ、20年まえ、30年まえ…はありませんでした。
> それでも先輩方は勉強をしてきたのです。
> ありがたい教材をつくってくださった先生に感謝しましょう。
> そしてないときには、自分でつくるのです。

　わかりやすく整理されたテキストやレジュメは、決してもともとあったものではありません。感謝の気持ちは、楽しく授業を受け、気持ちよ

く勉強をするエネルギーになります。

　なお、**法律の授業に六法を持参することは必須です**。そして授業中にでてきた条文はできるかぎり、その場で引くようにしましょう。

> Chapter : 2-29
> 授業には必ず六法を持参しよう。
> 登場した条文は、できるかぎりその場で引こう。

　その条文に出会った目印として、条文の番号（「第177条」などと書かれている部分）は、えんぴつなどで丸くかこんでおきましょう（線を引くのでもよいです）。
　条文には、出会うたびに重ねて丸をつけ、線を引いてください。そうすると、よく出会う条文は、六法のページを開くだけで目立つようになってきます。
　何度も登場する条文は、それだけ重要だということです。手を動かすことをおしまず、条文には何度も線を引きましょう。

> Chapter : 2-30
> 授業にでてきた条文には目印をつけよう。
> でてくるたびに何度でも線を引き、丸でかこめば、
> 重要なところがわかるようになる。

　授業のなかで条文について説明があったときには、その説明を六法に直接書きこむ方法もあります。

その条文の文言を丸でかこみ、そこから線を引き、余白に説明を書いておきましょう（⇨口絵1）。
　こうすることで六法も、あなたの経験値を積んだオリジナルノートに変身していきます。

Chapter : 2-31

**六法に直接書きこみをしていけば、
六法があなただけのオリジナルノートになる。**

先人の言葉から感じとろう！

アフォリズム………8

APHORISM

「大学における法学教育の目的は、法的知識を与えることではなく、法的思考（リーガル・マインド）の養成にあるといわれている。リーガル・マインドとは、広い視野に立って、現代社会における諸々の社会事象を認識したうえで、論理的な筋道を立て、しかも、特定の利益にかたよることなく、相対立する利益を調整することができる総合的判断能力のことである。」

………森泉章『法学〔第4版〕』
（有斐閣・2006）3頁

　知識は本を読めば手にいれることができます。媒体（体系書やテキスト）を手に入れたら、あとは読んで記憶するだけです。しかし思考モデルはそうではありません。「リーガル・マインドってなんですか？」といくら質問をしてみても、法的思考力を身につけることはできません。黙々と時間をかけ勉強し続けた人が、初めてもらえるごほうび。それが法的思考力なのだと思います。

4　授業中のパフォーマンスを高めるにはどうしたらいい？——予習

　授業中にノートをとる方法についてお話をしてきました。人生論や仕事論などの講演であれば、そのときのライブ感を大事にし、そのときの気づきだけを書きとめればよいかもしれません。
　しかし法律の授業では、1コマで扱う対象に、たくさんの情報量がふくまれています。その情報量は、とにかく圧倒的です。

Chapter : 2-32

**法律の1コマの授業で扱う対象に、
たくさんの情報量がふくまれている！**

　このことは、民法という1科目を考えるだけでも明らかです。民法の体系書やテキスト・判例集の分量をみてください。ひとりの先生が書いている本をみただけでも、ものすごい情報量があることが本の厚さでわかると思います。
　それだけではありません。民法という科目は、1044条の条文がそもそもの前提になっています。これだけの分量を授業ですべてフォローすることは、ほんらいムリな話です。

Chapter : 2-33

**民法の体系書・テキスト・判例集を、机の上に積んでみよう。
さらに、条文も1044条ある。**

こうした情報量の多さがあるなかで、あなたが受講する法律科目の授業を充実させるためには、予習をすることです。小学生のころから「予習・復習」という言葉を耳にしてきたと思います。**法律の授業はまちがいなく「予習」で充実度が決まります。**

Chapter : 2-34

「予習」が法律の授業の充実度を決める！

　あらかじめ授業で扱われる範囲について、体系書やテキストを読んでおく。疑問点を洗いだしておく。関連する条文を六法で引き読んでおく。ここまでは、予習の段階でしておいたほうがよいです。

Chapter : 2-35

やっておいたほうがよい予習は？
① 体系書やテキストを読む。
② 疑問点を洗い出しておく。
③ 関連する条文を六法で引いて読んでおく。

　余裕があれば『**判例百選**』[1]などにも目をとおすとよいでしょう。さらりと判旨（判例の結論と主な理由づけ）を読んでおくだけでも、授業での理解度が変わってきます。
　予習のときに登場した法律用語についても、時間があれば調べておき

1　有斐閣から出版されている『判例百選』シリーズは、各科目ともに学生や初学者が学ぶべき重要な判例がピックアップされています。いまも昔も試験で勉強すべき「基本判例」といったときには、ここに掲載されているかどうかが、ひとつの目安になります。

ましょう。授業で先生の口から飛びだす専門用語にも、とまどうことがなくなります。

Chapter : 2-36

余裕があれば、
④ 『判例百選』などで判例もみておこう。
⑤ 法律用語も調べておこう。

ここまでやっておけば「おっ、昨日調べた言葉がでてきたな」と余裕をもって授業を聴くことができます。

予習をしていると、そのときにわからなかったことや、もやもやしていたことが、先生の授業ですっきりする場面が増えます。「わかったぞ」という手ごたえを感じると、授業が楽しくなってきます。

Chapter : 2-37

予習をしておくと、余裕をもって授業を聴ける。
「わかったぞ」という手ごたえも強く感じられる。
→授業が楽しくなってくる！

楽しくなった勢いで授業を終えることができれば、すぐにでも復習をしたくなってきます。よいスパイラルに入るためにも、授業まえの予習はきわめて重要です。

重要なことなのでくり返しいっておきます。授業まえの予習で充実度が決まります。

Chapter : 2-38

授業まえの予習で充実度が決まる（とても重要）。

　時間がなければないなりに、パラパラとテキストに目をとおしておくだけでも全然違います。予習をして初めて授業に味がでて、花が咲きます。このことは、ぜひおぼえておいてください。

先人の言葉から感じとろう！

アフォリズム………9

APHORISM

「予習について。条文を読み、教科書の説明を読んでくるくらいのことはぜひしないといけない。わからないところに自分なりの印を付けて、教師のその部分に関する説明を、特に注意して聴く、それで納得がいけばよいし、納得がいかない場合には、講義後に質問したらよい。」

　　　　　　　……米倉明『民法の聴きどころ』
　　　　　　　　　　（成文堂・2003）20頁

　英語の学習で単語をおぼえるのは、単語を知らないとリスニングも会話も読解もできないからです。法律書は日本語で書かれています。しかし、じつは外国語に近いです。そこにはきちんと意味をもった専門用語が数多く存在しています。漢字の感じからしてこんな意味だろう、という推測では正しく理解できません。授業を聴くのはリスニングです。専門用語を知っている人が、多くを学ぶことができるのです。

5 授業を受けたあとの ノートの読み返し——復習

　きちんと予習をしたうえで授業にのぞんだら、先生の話をもらさずノートをとっていきましょう。そのときにただ受け身で先生の話を書くだけでなく、思い浮かんだ疑問点などもメモをして、「？マーク」をつけ、ふせんをはっておくとよいといいました。
　これができていると、授業が終わったあとの勉強（復習）で役立ちます。復習でなにをすべきかが、自分のノートをみるだけで、ビジュアル的に明らかになるからです。

> *Chapter : 2-39*
> 疑問点をメモした場所に「？マーク」をつけ、
> ふせんをはっておくと、
> 復習でやるべきことが明らかになる。

　その日のうちに「？マーク」をつけてふせんをはった部分は、調べてしまいましょう。
　授業が終わってすぐに先生に質問をする、これがストレートな方法です。先生に質問をするとすごく勉強になります。

> *Chapter : 2-40*
> 授業が終わったあとに、わからなかったことは、
> 先生に直接、質問してみよう！

ただ、**質問をするにはその前提として、疑問点そのものを整理しておく必要がある場合もあります。**

　単純な知識不足や勉強不足であれば、先生に聞くよりも、自分で体系書やテキストを読みこんだほうがよいからです。そのときは、まず自分でじっくり疑問点を整理して、わからないことを明らかにします。そのうえで先生にメールで質問をするという方法もあります。

Chapter : 2-41

先生にメールで質問をしようとすると、
疑問点を整理することになる。

　文章で書くことで疑問点が整理されること、先生から文字で残るかたちで回答をもらえるというメリットがあります。

　疑問点を整理すること。これが授業を受けたあとにやるべきことのひとつです。

Chapter : 2-42

あなた自身の疑問点を整理することが、
復習の第一歩。

　日数がたってしまうとノートの鮮度が落ちます。自分で書いたノートなのになにを疑問に思ったのかを思い出すのに時間がかかってしまいます。その日のうちに必ず復習をするクセをつけましょう。これはマストだと心得たほうがよいです。

　法律の授業は範囲も広く、ゆっくりやっていくのでは追いつきません。**授業を聴いたその日のうちになにがなんでも必ず復習をする**。これをす

べての科目について義務(マスト)にしましょう。

> Chapter : 2-43
>
> 授業を受けたその日のうちに復習をするのは
> 義務(マスト)(必須)！と決めよう。

　最初はたいへんだと思いますが、習慣にしてしまえば苦もなくできるようになりますし、楽しくなってきます。時間がないのでシャワーを浴びないとか、時間がないので服を着ないという人がいないのと同じです。復習もその日のうちにやるものです。しないと、せっかく聴いた授業を自分のものにできず、もったいないです。
　「**予習→授業（ノートを書く）→復習**」。この3点セットをこなして初めて、その授業を聴いた意味がでてきます。どこかで手を抜いてはいけません。なぜ、そうしなければいけないのか？という疑問は、そこにはさまないこと。とにかくやるのです。先輩がやってきたように、野球のバットの素振りのように。ビュンビュンと、くり返し、くり返しやるのです。

> Chapter : 2-44
>
> 3点セットをこなして初めて、
> 授業を聴いたことの意味がでる。
> ① 予習
> ② 授業（ノートを書く）
> ③ 復習

　疑問点をつぶす作業は、時間がかかります。いろいろな体系書やテキ

ストを調べないと、すぐには答えがでてこない場合もあるでしょう。いくら調べても、明確な答えがでてこない疑問もあるかもしれません。そのときは、わかったところまでをノートに書き、ふせんははがさずに残しておきましょう。

　法律の勉強はさまざまな科目や範囲がリンクしているので、どこかでやっとつながるということがあります。**今つながらなくても、あとでつながることがあります。そのためにも疑問は疑問として明確にして残しておくことが大切です**。そしてあとでわかったときには、必ずそのふせんの部分にもどってきましょう。そしてわかったことを書きこむのです。ふせんの数だけ力がつくといっても、いいすぎではありません。

Chapter : 2-45

ふせんの数だけ力がつく！

　授業の復習は疑問点をつぶすだけではありません。授業で習った範囲についてテキスト・体系書を読み直しましょう。このときおぼえるべき用語や概念については「**定義カード**」などをつくるのもよいです（⇨138-144頁）。口にだすのも理解と記憶を助けます。

　法律の勉強では、最初のうちは用語に慣れることが大切です。音読することは大きな力になります。

Chapter : 2-46

法律の勉強は慣れることが大切。
最初は英語を勉強するように、
意味がわからなくても音読をしよう！

---

5 ……授業を受けたあとのノートの読み返し―復習

意味がわからないときは、とりあえず何度も音読してみるという方法があります。英語の勉強でわからない単語があっても文章を音読していくうちにひらめくときがくるように、法律の勉強も最初はわからなくてもとにかく声に出して読んでみることが力になります。

　音読することで、時間をたっぷりとかけて、体系書やテキストを読みこみましょう。

|先人の言葉から感じとろう！|

アフォリズム………10
APHORISM

「数学の証明作業でも、動かしてはいけない「定義」や「命題」があります。法律でも同じです。公式のように働く法律用語、法律の構造や法律どうしの関係のルールなどがそれなのです。」

……吉田利宏
『元法制局キャリアが教える法律を読む技術・学ぶ技術〔第2版〕』
（ダイヤモンド社・2007）29頁

　法的思考が大事なんでしょ、という開き直りはよろしくありません。法的思考は、地道な勉強の先におとずれるひとつの境地。考えればいい（オレあたまいいから）という人は、地道に勉強をしている人に差をつけられます。考えればいい、おぼえればいい。そんなに投げやりな世界ではないのです。先人が積み重ねてきた言葉や議論や規範、これらをまずはきちんと知ることから始めましょう。

第 3 章

あたまを整理し、
理解するためのノート術

1 法律を理解するためには分析が不可欠？——分析ノート

　法律の勉強の基本は、自分のあたまで考えることです。大学受験までの勉強は、教科書に載っている言葉を記憶すればよいものでした。しかし法律の勉強は違います。

```
                                          Chapter : 3-1
（試される力）
大学受験までの勉強＝言葉や知識の記憶力。
法律の勉強　　　　＝法律の知識を使い、考える力。
```

　たとえていうなら、大学受験までの勉強は、自動車教習所の運転教本に書かれていることをおぼえたかどうかがテストされる、学科試験のようなもの。これに対して、法律の勉強は、じっさいに自動車をきちんと運転できるかどうかがテストされる、実技試験のようなものです。
　パソコンでいうと、説明書に書かれている内容を記憶するのが大学受験までの勉強で、じっさいにパソコンを使える力を身につけるのが法律の勉強ともいえます。

```
                                          Chapter : 3-2
大学受験までの勉強＝暗記（記憶力）
法律の勉強　　　　＝実技（使う力）
```

「表現の自由」とはなにか、「知る権利」とはなにか、憲法の何条に規定されているのか、判例はどういっているのかといったことは基本事項です。もちろん、きちんと勉強する必要があります。しかし、これをおぼえればそれでよいかというと、そうではありません。
　法律家はじっさいに起きた事件を、法律を使ってどのように解決できるかを考える職業だからです。解決のためのアイデアが求められるのです。勉強をするときは、すでに存在している判例を学びます。しかしじっさいには、判例はつくられるものです。答えがないなかで突き進んでいくのが法律のプロです。その結果、判例がつくられていきます。

　考えてアイデアをだす力を身につけるためには、どうしたらよいでしょうか。体系書やテキストを読んで、書かれていることを暗記する。こうした大学受験までの勉強だけではダメです。
　体系書やテキストの世界に染まるのではなく、体系書やテキストを使いこなすことが必要になります。それは自動車教習所の教本やパソコンの説明書を開くのと似ています。読みこむというより、問題を解くために必要なところを参考にする、使っていくという感覚です。

Chapter : 3-3

体系書やテキストの世界に染まるのではなく、
体系書やテキストを使いこなす力をつけよう！

　ただし、法律を学ぶには、体系書やテキストを読まなくてよいということではありません。この点で、説明書を読まなくても、使おうと思えばなんとなく使えるパソコンとは違います。パソコンはあくまで比喩です。「使うもの」という感覚で、体系書やテキストと向き合うのです。
　実務家は、体系書やテキストを通読することはありません。問題にな

った事案について解決するために必要な限度で（ただし、徹底的に）体系書や判例などを調べ、どれだけその問題を解決するために使える素材があるかを探します。

> *Chapter : 3-4*
> **実務家は、体系書やテキストを通読しない。
> 使える素材があるかを徹底的に探す。**

　こうした力を身につけるためには、体系書やテキストに書かれていることをうのみにするのではなく、「**疑ってかかる力**」が必要になります。**法律は正解がひとつの学問ではありません**。書かれている結論や思考過程がただひとつの答えであることは、ほとんどありません。さまざまな答えやアプローチの仕方があることが多いです。

> *Chapter : 3-5*
> **体系書やテキストを「疑ってかかる力」が必要！**

　じっさいわたしが司法試験の勉強をしていたころは、予備校がつくったテキストなどにも間違いや誤記がよくありました。そこで、自分のあたまで納得できるまで、その内容をそのまま信じることはしませんでした。学者の先生が書かれた体系書でも誤植はありますし、版を改める際に間違いが訂正される書籍もあります（間違いでなくても、不正確でわかりにくかった部分が、正確に書き直される場合があります）。
　こうした間違いや不正確な部分（わかりにくい部分）を積極的にみつけて、体系書やテキストの余白にどんどん書き足していきましょう。その

ことが勉強になります。自分で改訂版をつくる感覚です。
　間違いだと断言するためには、その部分の記載について正確な理解が前提になります。「**間違い探しの精神**」で体系書やテキストを読むと、正確な理解をする力が身につきます。

> *Chapter : 3-6*
> **「間違い探しの精神」で体系書やテキストを読もう。**

　体系書やテキストに書かれていることをそのままあたまに流しこむのではなく、「**自分のあたまで整理をする力**」も必要です。事案を分析する力も必要ですし、学説の分岐点を分析する力も必要です（「この論点には、学説が5つ紹介されているけれど、大きな対立点はどこにあるのだろう？」「A説とD説は結論は違うけれども、おおもとの考え方は同じようだ。では、どのポイントで異なる結論になったのだろう？」といった分析です）。

> *Chapter : 3-7*
> **「自分のあたまで整理をする力」も必要。**

　その問題を解決するにあたり、アプローチの仕方に違いがある場合には、それぞれの考え方が具体的にどのようなルートをたどり、どのような分岐点で、どのような結論になるのかといった「**フローチャート**」（⇨99-101頁）をつくることも勉強になります。
　こうした分析は、体系書やテキストをただ読むだけではできません。読んだうえで、自分のあたまで、分析をする必要があります。ただ、あ

たまのなかだけで考えると、もやっとしたもので終わってしまう危険があります。

分析をするときにはとにかく手を動かしましょう。あとで消せるように、えんぴつやシャーペンがよいです。体系書やテキストの余白にどんどん書きこみをしてみることです。

Chapter : 3-8

**分析はあたまのなかでするのではない。
手を動かして、メモを書きながら分析する。**

「図」を書いたり、「表」をつくってみたり、「**マトリックス**」を書いてみたり……。手を動かして分析をする習慣をつけましょう。

Chapter : 3-9

① 「図」を書いてみる（図解）
② 「表」をつくってみる（図表）
③ 「マトリックス」を書いてみる
→手を動かして「分析」する。

こうした習慣が身につくと、深い理解ができるようになります。「**分析ノート**」を1冊用意しなくても、体系書やテキストの余白を使うのでもよいのです。「**分析メモ**」を書く習慣をつくりましょう。

では、具体的にどのように書けばよいでしょうか。これから少しずつお話します。

|先人の言葉から感じとろう！|

アフォリズム………11

A P H O R I S M

「書いてあることを鵜呑みにして覚えるのではなく、いつも疑問をもって読んでゆくのがよいのです。いったいなぜそうなったのかを理解しながら進むと、さっきお話したいろいろな効用があります。教科書だけで勉強をしていると、一時的には効率がよさそうでも、結局はこちこちで応用がきかなかったりして危険なのです。」

……星野英一『民法のもう一つの学び方〔補訂版〕』
（有斐閣・2006）71 頁

答えがひとつではない世界では、批判的精神でぶつかる気概(きがい)も必要です。素直になることとは矛盾しません。素直に先生の話に耳を傾け、体系書を読み、判例を読む。これは大事なことです。しかし、うのみにするのではダメです。なぜ？ どうして？ どのように？ 常に疑問をもちながら、そこになにがあるのかをとらえようと戦いをいどむ。これが本質を早くつかむコツだと思います。

2 体系書を読むときのノート術

　体系書を読むときには、文字情報を図にするなど、ビジュアル化すると、理解しやすくなります。**文字情報は読まないとわかりませんが、ビジュアル情報はパッとみるだけでわかる**からです。感覚的に内容を大づかみできる、これがビジュアルのよさです。
　「**図**」や「**表**」「**マトリックス**」（⇨91-95頁）「**フローチャート**」（⇨99-101頁）などにすることで「体系書には書かれていない問題点」も発見できます。「書かれていないこと」を、他の体系書やテキストなどで調べて明らかにすれば、あなただけの「オリジナル分析ノート」ができます。

Chapter : 3-10

「図」「表」「マトリックス」「フローチャート」をつくれば、「体系書には書かれていない問題点」などに気づける！

　わかりやすい「図」をノートやカードに残しておけば、次にもう1度同じ場所を勉強するときにも便利です。その「図」をみれば、大事なことをパッと思い出せるようになります。つくるのにはある程度の時間がかかりますが、手間をおしまず、つくれば、結果的に時間の節約にもなるはずです。
　つくるなかで疑問がたくさん浮かぶと思います。それをひとつひとつ調べることで、たくさんの発見が得られます。それは多くの場合、**むずかしいと思っていたことが「わかった」というささやかな感動**です。楽しく勉強をするためにも、ぜひ「**分析ノート**」をつくってみてください。

> Chapter : 3-11
> むずかしいと思っていたことが「わかった」！
> →感動を得る！
> →楽しく勉強できる！

まずは、「図」のパターンをみてみましょう。

（１） 関係図

最初にマスターするとよいものは、当事者や登場人物の「**関係図**」です。

下記の事例は、じっさいに司法試験（論文式）で出題された民法の問題文です（この事例はあくまでも「関係図」をつくるための素材です。事例の読みこみや分析までしなくて大丈夫です）。

〔事例１〕

「Ａは、Ｂに対し、自己所有の甲建物を売却して引き渡し、Ｂは、Ｃに対し、甲建物を、使用目的は飲食店経営、賃料月額50万円、期間３年、給配水管の取替工事はＣの負担で行うとの約定で賃貸して引き渡した。Ｃが300万円をかけて甲建物の給配水管の取替工事をした直後、Ａは、Ｄに対し、甲建物を売却して所有権移転の登記をした。

この事案において、ＤがＡからＢへの甲建物の売却の事実を知らなかったものとして、ＤがＣに対してどのような請求をすることができ、これに対し、Ｃがどのような反論をすることができるかについて論じた上で、ＢＣ間の法律関係についても論ぜよ。」

（旧司法試験・論文式（民法）平成13年度第１問）

２……体系書を読むときのノート術

この事例を「関係図」にすると、図表6のようになります。

■図表6―事例を「関係図」にするパターン（事例1）

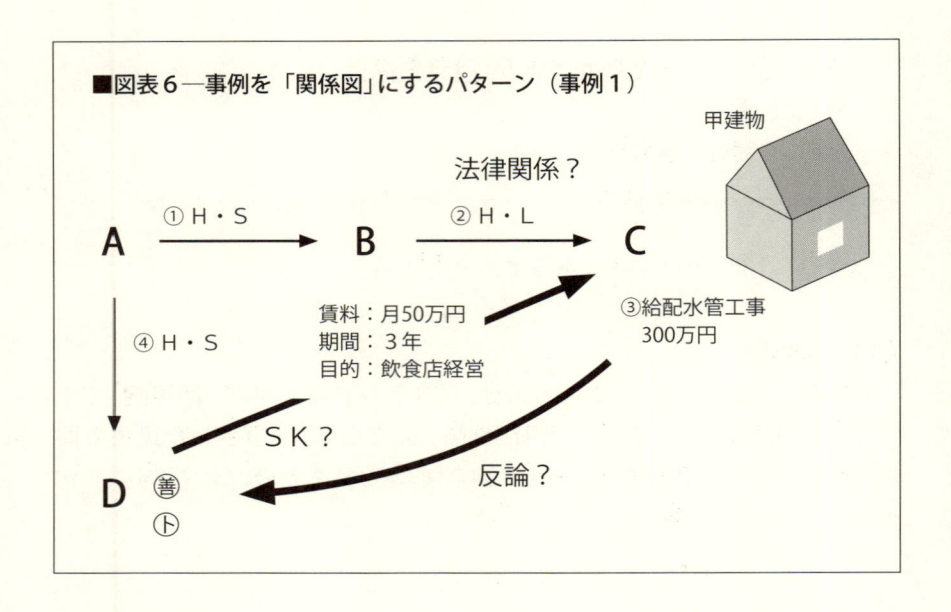

```
                        法律関係？
        ①H・S          ②H・L
   A ────────→ B ────────→ C   甲建物
   │            賃料：月50万円      ③給配水管工事
   │④H・S       期間：3年          300万円
   │            目的：飲食店経営
   ↓         SK？         反論？
   D（善）←────────────
     （登）
```

　図表6の①から④はできごとの順序（時系列）を意味しています。①と④にある「H・S」(House Sale 建物の売買)、②にある「H・L」(House Lease 建物の賃貸)、Dにある「登」(登記済み) や「善」(善意であること)、DからCの矢印（→）にある「SK」(SeiKyu 請求)、など**省略記号**を自分なりにつくっておくと、簡潔な図が書けるようになります（ほかにも、土地の売買は「L・S」(Land Sale)、土地の賃貸は「L・L」(Land Lease)、抵当権は「⇒」、保証は「⤳」など決めておくとよいです[1]）。

---

[1] 法律実務家がよく使う省略記号に、「X」（原告）、「Y」（被告）、「J」（裁判官）、「P」（検察官）、「B」（弁護士）、A（被疑者）、V（被害者）、KS（警察官面前調書）、PS（検察官面前調書）などがあります。もっとも学生のうちは、こうした実務的な省略記号まで使いこなせるようになる必要はありません。

（2） 時系列

「**時系列**」を整理するために、矢印（→）で時間軸をつくり、たての線を入れ、できごとを書きこんだ図をつくるパターンもあります。左（過去）から右（未来）に時間が流れていく図です（⇨図表7）。

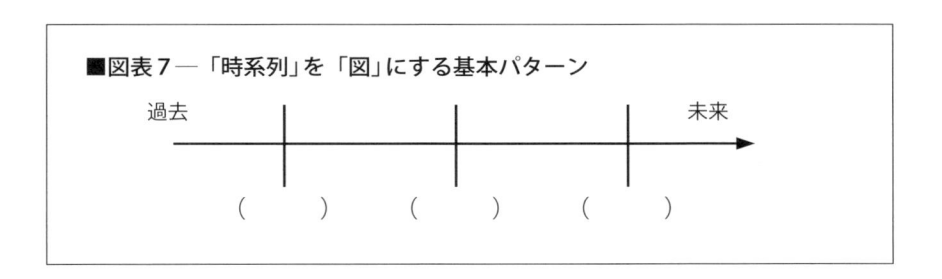

■図表7―「時系列」を「図」にする基本パターン

```
過去                                              未来
 ─────┬──────┬──────┬──────→
     (    )  (    )  (    )
```

図表7のかっこ（ ）のなかにできごとを書きます。下記の事例のように、時間の流れがいくつかあるものでは、必要な部分について時系列の図をつくってみると、分析がしやすくなります（ここでも、事例の内容を検討する必要はありません。「関係図」や「時系列」をつくる雰囲気を感じとってもらえれば十分です）。

〔事例2〕

「Aは、Bに対し、自己所有の甲建物を賃料月額10万円で賃貸した。Bは、Aの承諾を得た上で、甲建物につき、大規模な増改築を施して賃料月額30万円でCに転貸した。その数年後、Bが失踪して賃料の支払を怠ったため、AB間の賃貸借契約は解除された。そこで、Aは、Cに対し、「甲建物を明け渡せ。Bの失踪の日からCの明渡しの日まで1か月につき30万円の割合で計算した金額を支払え。」と請求した（なお、増改築後の甲建物の客観的に相当な賃料は月額30万円であり、Cは、Bの失踪以後、今日に至るまで賃料の支払をしていない。）。こ

れに対し、Cは、「自らがBに代わってBの賃料債務を弁済する機会を与えられずに明渡しを請求されるのは不当である。AB間の賃貸借契約が解除されたとしても、自分はAに対抗し得る転借権に基づいて占有している。Bの増改築後の甲建物を基準とした金額を、しかもBの失踪の日から、Aが請求できるのは不当である。」と主張して争っている。AC間の法律関係について論ぜよ。」

（旧司法試験・論文式（民法）平成10年度第１問）

まずは、事例を関係図にすると、図表8のようになります。

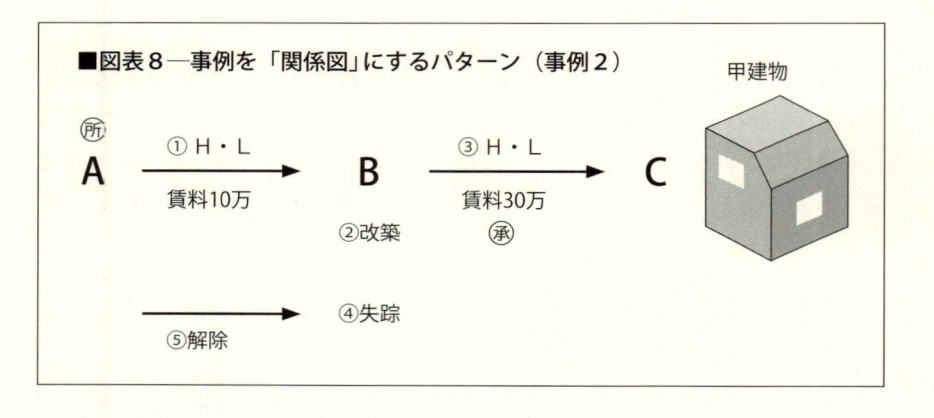

■図表8―事例を「関係図」にするパターン（事例２）

甲建物

� A ―①H・L→ B ―③H・L→ C
　　　賃料10万　　　　　　賃料30万
　　　　　　　②改築　　　　�承
　　　―――――――→ ④失踪
　　　⑤解除

図表8で、Aの上にある「�所」はAに「所有権」があるという意味です。「B→C」の「③H・L」（建物賃貸）の下にある「�承」は、BC間の転貸借が所有者Aに「承諾」されていることをあらわしています。いずれも「**省略記号**」です。

このうち「時系列」として分析したい点をとりあげると、次頁の図表9のような図を書くことができます。

■図表9―「時系列」を「図」にするパターン①（事例2）

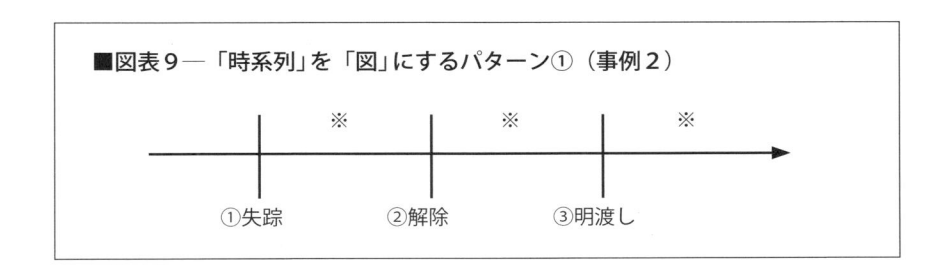

```
         ※        ※        ※
────┬────────┬────────┬────────→
    ①失踪    ②解除    ③明渡し
```

　図表9のように「時系列」を矢印で図にすると、それぞれの場面（※の部分）ごとの法律関係を分析することができるようになります。

　「時系列」に分解するメリットは、時点ごとにちみつな検討ができることです。書くことができず**「余白になってしまう部分」がでてきたら、しめたものです。そこを調べることで深い分析が可能になる**からです。

■図表10―「時系列」を「図」にするパターン②（事例2）

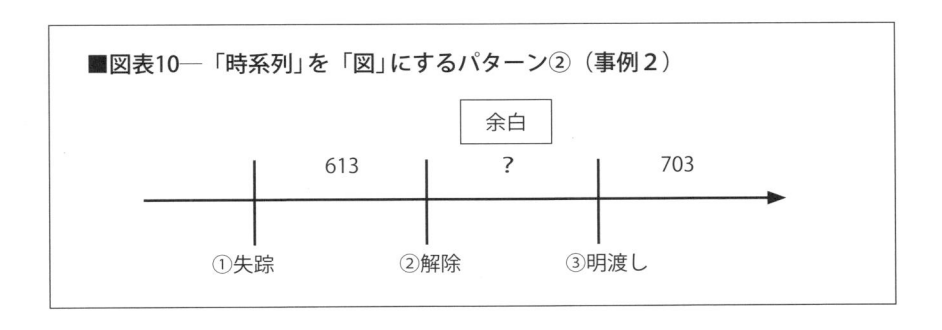

```
                  余白
          613      ?       703
────┬────────┬────────┬────────→
    ①失踪    ②解除    ③明渡し
```

　図表10の「613」、「703」というのは民法の条文の番号です（613条は、転貸借が承諾されている場合に賃料請求ができる根拠となる条文で[2]、703条は、不当利得返還請求の条文です[3]）。「時系列」にすることで、その場面ご

2　「賃借人が適法に賃借物を転貸したときは、転借人は、賃貸人に対して直接に義務を負う。この場合においては、賃料の前払をもって賃貸人に対抗することができない。」（民法613条1項）
3　「法律上の原因なく他人の財産又は労務によって利益を受け、そのために他人に損失を及ぼした者（以下この章において、「受益者」という。）は、その利益の存する限度において、これを返還する義務を負う。」（民法703条）

とに可能な請求権の根拠を分析することができます。

わからないところがある場合には、「時系列」のなかに余白ができます。余白には「？マーク」を書きます。こうすることで盲点やあなたの弱点などをみつけることができます。そこをじっくり考えるのです。そして調べます。

正解をみつけることができ、理解が進むと、自信になります。「わかる」ことで、勉強が楽しくなります。

Chapter : 3-12

余白こそが
事例の盲点や自分の弱点をみつけるポイント。

「時系列」は、事例が長い場合に、図表11のように単純にできごとを列挙して整理する方法もあります。特に事例が入り組んでいて、できごとの順番になっていない場合には、起きた順に並べるだけでも十分な整理になります。

■図表11―「時系列」を「図」にするパターン3

H13.4.1	A→B　H・S
H13.4.28	Bⓑ移転
H13.5.12	B→C　H・S
H13.12.13	Aが錯誤無効（95）を主張

図の「H」は元号の「平成（Heisei）」の「**省略文字**」（略字）です。「昭和」は「S」（Shouwa)、「大正」は「T」（Taisho)、「明治」は「M」（Meiji)

といったローマ字表記の頭文字を「略字」として使い、年月日の部分は「〇.〇.〇」というように画数の多い「年」「月」「日」を省略します。元号だけでなくこの方法を使えば時間の節約ができ、短時間で多くの情報を書くことができます。

(3) 図表

次に「図表」のパターンをみてみましょう。図表12①は、類似用語を単純に整理したものです。

■図表12①──類似用語を列記して整理

レファレンダム	＝　国民投票（英）
プレビシット	＝　国民投票（仏）
イニシアティブ	＝　国民発案

憲法で「国民投票」の論点について体系書などを読んでいると、図表12①のような、外国の制度の名前を複数みかけることがあります。法律の条文に直接でてくる言葉ではなく、外国の制度なので、用語そのものの意味が正確に解説されないまま、名前だけが書かれているものもあります。

ぼんやりとながめている類似用語があったときには、このようにノートに書き出します。そしてそれぞれの意味を調べて、「**イコール**」（**＝**）のあとに意味を書きましょう。

どれも同じような意味なんだろうなという、あいまいな感覚だったものが、書き出して整理することで用語の意味を正確にとらえられるようになります。

図表12②のように、反対の言葉を「**矢印の対立記号**」（↔）で並べて整理する方法もあります。

■図表12②──反対概念を「↔」で整理

レイシオ・デシデンダイ　　←→　　オビタ・ディクタム
（主論）　　　　　　　　　　　　（傍論）
　＝判決の結論（主文）を導く　　　＝判決の結論（主文）を導く
　　ために必要不可欠とされる　　　　ために必要不可欠ではない
　　主たる理由のこと　　　　　　　　付随的な意見のこと

　憲法の論点で「判例（先例）の拘束力」という論点があり、そのなかでよく登場する言葉です。似たような言葉ですが、両者は反対概念（対義語）です。整理してそれぞれの意味をまとめておかないとごちゃごちゃになり、正確な理解ができません。「傍論」という言葉はよくでてくるので、これが「オビタ・ディクタム」の日本語（訳語）であることも書きます。そうすると「じゃあレイシオ・デシデンダイは日本語でなんというのだろう？」という疑問がでてくるかもしれません。調べると「主論」だとわかり、これも記載します。**類似概念はさまざまな角度から調べ、整理をしておくことで、明確な区別ができるようになります。**
　さらに同音異義語で「傍論」と「暴論」の違いまでおさえておけば漢字の書き間違いもしないようになります（「傍論」は本筋ではない細かな議論という意味で、傍らの議論です。これに対して、「暴論」は極端な議論で、乱暴な議論のことです。法律の教科書ではある説を「それは暴論だ」と批判することがあります。発音は同じでも意味がまったく違うのです）。
　図表12②のようにノートやカードに整理することで、こうした間違えやすい言葉にも明確な意識がもてるようになります。

■図表12③──傍論と暴論の違いをイラストで整理

傍　論　　　　　　　　　　　　暴　論

本質的な議論

そんなのサルと同じ

傍らの議論　　　　　　　　　　乱暴な議論

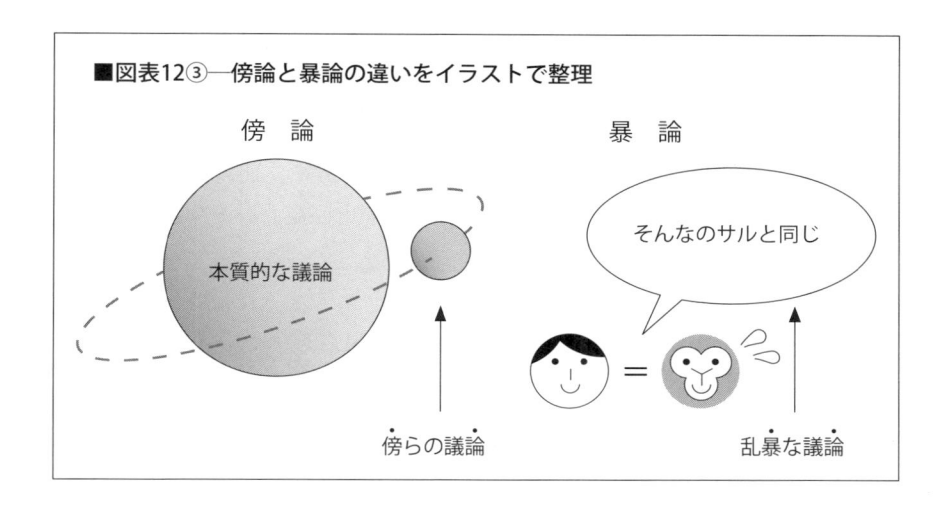

　似たような用語や概念を、そのまま放置しておくと、永久にわからないままになります。これを**意識して区別できるようになるためには、手を動かし図をつくって整理するのが１番です**（⇨図表13）。
　分量も多く、内容的にもむずかしいといわれる法律が民法です。眠たくなる素（眠素）といわれる法律、民事訴訟法（民訴）があります。苦手な人が多い民法や民事訴訟法でいうと、次のようなものがあります。これらの違いを整理すると、ぐんと力がつきます。

●似たような用語や概念の例（民法）

「取消と無効」「解除と撤回」「代理と使者」「415条（債務不履行責任）と709条（不法行為責任）」「同時履行の抗弁権（533条）と留置権（295条）」「時効と除斥」「意思能力と行為能力」「物権と債権」「債権者代位権と債権者取消権」「不動産と動産」「死因贈与と遺贈」……など

●似たような用語や概念の例（民事訴訟法）

「棄却と却下」「弁論主義と処分権主義」「法定管轄と合意管轄」「主張責任と立証責任」「訴訟資料と証拠資料」「否認と抗弁」「証明と疎明」「主張共通の原則と証拠共通の原則」「除斥と忌避と回避」……など

むずかしい言葉が並びますが、さまざまな視点を入れることで、それぞれの用語や概念のイメージが具体的になり、深い理解ができるようになります。

「図表」をつくるすごくコツは簡単です。最初に表の枠をつくってしまうことです。

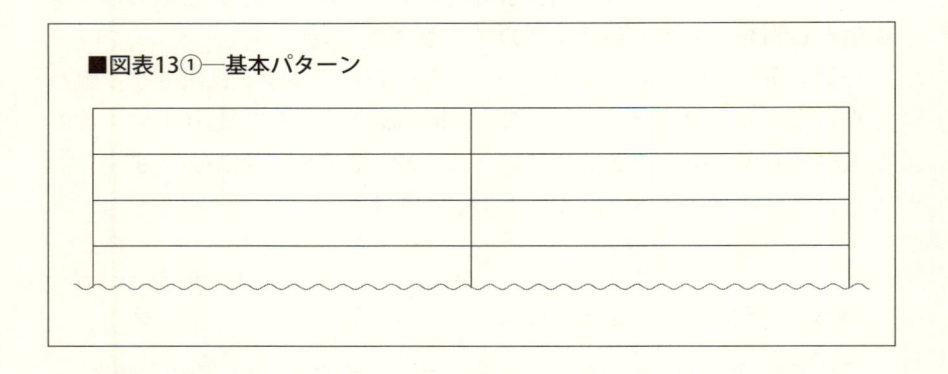

■図表13①──基本パターン

そして、1番上の2つのマス（比較するものが3つのときは3つマスをつくります）に比較をする用語の名前を書きます。

そのあとに2つの用語を比較する要素（性質）などを書きこんでいきます。あとから思いついたものがあれば、さらに下にどんどん書きます。最終的には、それぞれの要素（項目）の順番を整理します。

■図表13②——2つの類似概念の場合

代理	使者

どのような視点で整理するかについては、93頁の図表21のマトリックスや、94-95頁でお話しします。

■図表13③——3つの類似概念の場合

意思能力	行為能力	責任能力

類似概念の具体例を概念ごとにグルーピングする整理もあります。

図表13④は、類似概念をグループに分ける整理法です。具体的な条文と義務の内容を「義務の性質」の違いで2つにグルーピングしています。1番上の左のマスにある「善管注意義務」というのは「善良なる管理者の注意義務」を略した民法の用語で（民法400条[4]参照）、となりのマ

---
4 「債権の目的が特定物の引渡しであるときは、債務者は、その引渡しをするまで、善良な管理者の注意をもって、その物を保存しなければならない。」(民法400条)

2……体系書を読むときのノート術

ス（1番上の右のマス）にある「行為者の注意能力に応じた注意義務」よりも高い注意力が要求されます。こうした義務の度合いは、ミスや違反があったときに「義務違反があったか」（過失があったか）という点で問題になります（債務不履行責任・民法415条[5]）。

■図表13④──類似概念をグルーピングして整理

善管注意義務	行為者の注意能力に応じた注意義務
注意義務	
特定物の売主（400条）	
特定物の贈与者（400条）	
特定物の使用借主（400条）	
特定物の賃借人（400条）	
有償受寄者（400条）	無償受寄者（659条）
留置権者（298条1項）	
質権者（350条・298条1項）	
受任者（644条）	
後見人（869条）、後見監督人（869条）	親権者（827条）

六法で調べたものをひとつひとつ記載し、下に余白のマスも残しておきましょう。この余白に、あとから思いついたものや知ったものを追加します。

---

[5] 「債務者がその債務の本旨に従った履行をしないときは、債権者は、これによって生じた損害の賠償を請求することができる。債務者の責めに帰すべき事由によって履行をすることができなくなったときも、同様とする。」（民法415条）

（4） 関係性のビジュアル化

複数の関係性をビジュアルにする整理もあります。

■図表14①——複数の機関についての関係性をビジュアルで整理

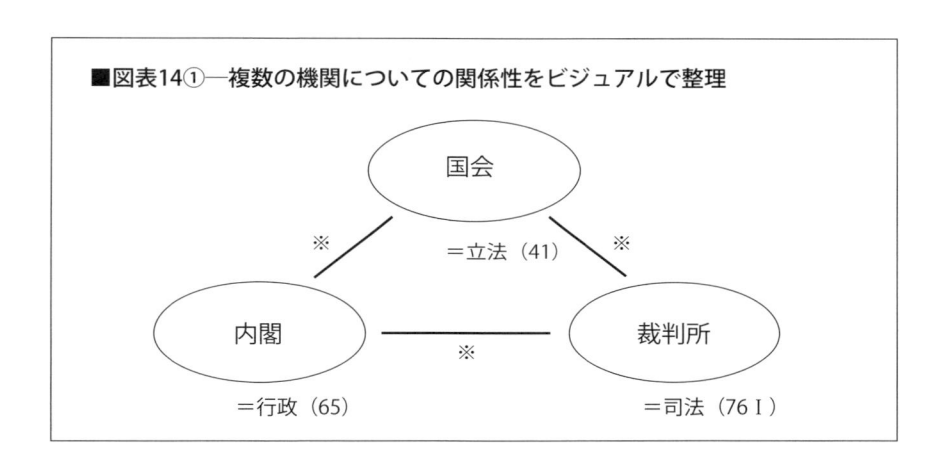

```
        国会
      =立法（41）
   ※           ※
 内閣    ※    裁判所
=行政（65）   =司法（76Ⅰ）
```

図表14①の「立法」「行政」「司法」のかっこ内にある数字は、憲法の条文です（41条[6]、65条[7]、76条1項[8]）。国家権力の作用を「立法」（法律をつくる）、「行政」（法律を執行する）、「司法」（裁判を行う）の三権に分けることを「権力分立（三権分立）」といいますが、これを論述するときに、必ず引用する3つの条文です。

三者の関係は、図表14①の憲法の統治機構だけでなく、会社法における株式会社の典型的な機関（株主総会、取締役会[9]、監査役）などでもでてきます。

三者以上になったときには、ビジュアル化をしましょう。「**関係を意味する結んだ線**」（—※—）を引き、そこにでてくるそれぞれの問題点、

---

[6] 「国会は、国権の最高機関であって、国の唯一の立法機関である。」（憲法41条）
[7] 「行政権は、内閣に属する。」（憲法65条）
[8] 「すべて司法権は、最高裁判所及び法律の定めるところにより設置する下級裁判所に属する。」（憲法76条1項）
[9] 正確にいうと、各取締役で構成される取締役会であり、代表取締役もいます。

条文、具体例などを書きこみます。こうして、それぞれの関係が明確になります。

たとえば図で考えると、図表14②のようなことが書けるはずです。

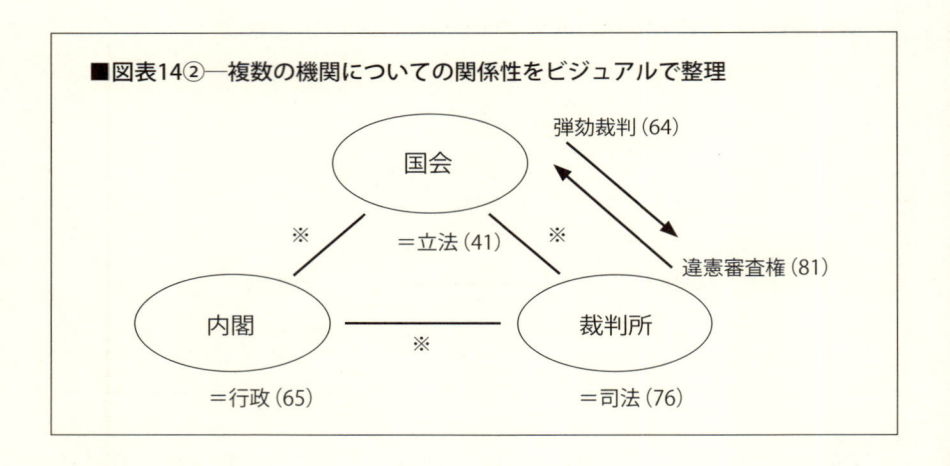

■図表14②―複数の機関についての関係性をビジュアルで整理

```
              国会
         ／        ＼   ＼ 弾劾裁判（64）
        ※  =立法(41) ※    ↑↓
       ／              ＼   違憲審査権（81）
     内閣 ―――※――― 裁判所
    =行政(65)        =司法(76)
```

国会と裁判所を結ぶ線（※）をみると、裁判所は国会がつくった法律が憲法に違反していれば違憲無効と判断する権限（違憲審査権）があります（憲法81条[10]）。これに対して、国会は裁判官を罷免するため弾劾裁判を行うことができます（憲法64条[11]）。

（5） 大なり記号と小なり記号

優劣（優先・劣後）の関係を「**大なり記号**」（＞）や「**小なり記号**」（＜）であらわす方法もあります。口が開いている側が「大きい」つまり、優先する（効力が高い）という意味です。言葉を比べるだけですので、数学が苦手な方でもむりなく使えるはずです（⇨図表15①②）。

---

[10] 「最高裁判所は、一切の法律、命令、規則又は処分が憲法に適合するかしないかを決定する権限を有する終審裁判所である。」（憲法81条）
[11] 「国会は、罷免の訴追を受けた裁判官を裁判するため、両議院の議員で組織する弾劾裁判所を設ける。」（憲法64条1項）

■図表15①――優劣を「大なり記号」(＞)を使って整理

憲法 ＞ 法律 ＞ 命令 ＞ 条例

■図表15②――優劣を「小なり記号」(＜)を使って整理

一般法 ＜ 特別法
民法　　　商法・会社法

　図表15②の囲みのなかは、具体例です。一般法と特別法の関係は、競合する規定がそれぞれにある場合には、特別法の規定が優先されることを意味します。たとえば、民法では一般的な債権(「民事債権」といいます)の消滅時効は10年ですが(民法167条1項[12])、商法の場合は5年です(商法522条本文[13])。

　株式会社との取引など商法が適用される場合には、消滅時効は民法の10年ではなく、商法の5年が適用されます。競合しない場合には、それぞれの規定が適用されます。

　ただし、商法522条ただし書き[14]には「他の法令に5年間より短い時効期間の定めがあるときは、その定めるところによる。」とあります。

　民法は民事債権の消滅時効期間を10年としているものの、これより短い期間を定めた条文もあります(短期消滅時効)。したがって、商法が適用される会社との取引だとしても、逆もどりして民法が適用される場合

12　「債権は、10年間行使しないときは、消滅する。」(民法167条1項)
13　「商行為によって生じた債権は、この法律に別段の定めがある場合を除き、5年間行使しないときは、時効によって消滅する。ただし、他の法令に5年間より短い時効期間の定めがあるときは、その定めるところによる。」(商法522条)
14　条文のなかで、「ただし」、「但し」といった表記がある部分のことを「ただし書き」「但書」といいます。

もあります。

　たとえば、旅館やホテルの宿泊料や飲食店の飲食代金は1年で消滅時効にかかると、民法174条4号[15]に定められています。この場合には民法が適用され消滅時効は1年になります。

■図表15③──消滅時効の規定の適用関係の整理

一般法　＜　特別法　＜　特別の定め

| 民法 | | 商法 | | 商法 |

167条1項　　　522条本文　　　522条ただし書き
　　　　　　　　　　　　　　　→ 民法 174条4号

消滅時効は10年　商事債権は5年　宿泊・飲食代は1年

　こうした**「条文の操作」をできるようになること、それが「法律を読めること」**です。条文を自由自在にあやつることができるようになるためには「大なり記号」（＞）や「小なり記号」（＜）の関係（優劣関係）を知ることが重要です。

　最初のうちは、こうした条文の適用関係を、メモやノートに書いてみることも勉強になります。もやっとしていたことが、整理され、あたまがすっきりするはずです。

（6）　条文の構造を整理

　ひとつの条文のなかにさまざまなことが定められているときは、かんたんな図を書いて**「条文の構造」**を整理する方法もあります。

---

[15] 「次に掲げる債権は、1年間行使しないときは、消滅する。(略)四　旅館、料理店、飲食店、貸席又は娯楽場の宿泊料、飲食料、席料、入場料、消費物の代価又は立替金に係る債権（略）」（民法174条4号）

■図表16①――条文の構造を整理

（憲法26条）
　すべて国民は、法律の定めるところにより、その能力に応じて、ひとしく教育を受ける権利を有する。
2　すべて国民は、法律の定めるところにより、その保護する子女に普通教育を受けさせる義務を負ふ。義務教育は、これを無償とする。

憲法26条の構造

教育を受ける権利	26条1項	法律留保事項
教育の義務	26条2項前段[16]	法律留保事項
義務教育の無償	26条2項後段	

　図表16①は、憲法26条の内容を整理したものです。憲法26条といっても「1項」なのか「2項」なのか、「2項」のなかでも「前段」なのか「後段」なのかで意味が違います。これらを1度ノートに整理すると、条文の読み方がすとんとあたまに入ります。
　特定の事項にあたる具体例（条文）を、まとめてひとつの図に整理する方法もあります（グルーピング）。
　たとえば、次頁の図表16②は、憲法で多く登場する「法律留保事項」の条文を左側に列挙し、具体的な法律を右側に列挙しています。「法律留保事項」というのは、具体的な内容は「法律」で定めることを規定しているもののことです。ちょうど26条で登場したばかりです。

----
[16]　条文の項のなかに2つの文があるとき、前半を「前段」、後半を「後段」と呼びます。

2……体系書を読むときのノート術

■図表16②―関連性がある条文をグルーピングして整理

「法律留保事項と具体的な法律」―憲法

10条	国籍法
17条	国家賠償法
26条1項（教育を受ける権利）	教育基本法・学校教育法
26条2項（教育の義務） 27条2項	教育基本法・学校教育法 労働基準法
40条	刑事補償法
（以下、略）	

単純に要件を整理する方法もあります。①、②、③などの番号記号を使いコンパクトにまとめることで、条文を読むよりもわかりやすい「**要件ノート**」（**カード**）ができます。

■要件ノート①―民法110条の表見代理の成立要件

① 代理人に基本代理権が存在すること
② 基本代理権の範囲を超えて代理行為を行われたこと
③ 相手方が代理人に権限があると信じたことにつき正当な理由があること

キーワードをマーカーでぬったり、赤ペンなどの色ぺんで線を引いたりしておくと、重要な要素がすぐに目に入るようになります。

■要件ノート②——民法110条の表見代理の成立要件

① 代理人に基本代理権が存在すること
② 基本代理権の範囲を超えて代理行為を行われたこと
③ 相手方が代理人に権限があると信じたことにつき正当な理由があること

また、キーワードのみをノートにまとめる方法もあります。要件ひとつひとつの意味を理解できている場合には、要件ノート③のようにキーワードのみを書いておくほうが見やすくてよいかもしれません。

■要件ノート③——民法110条の表見代理の成立要件

① 基本代理権の存在
② 越権行為（権限外の行為）の存在
③ 正当な理由

（7）文字情報のビジュアル化

体系書に文章で（文字で）書かれている内容がわかりにくいときには、文字を図やイラストに書いてみて検証するという方法もあります。じっくりと考えながら、時間をかけて検証をしましょう。発見があるはずです。

次頁の図表17①は、刑事訴訟法の「ポリグラフ検査と黙秘権」という論点をビジュアル化したものです。

ポリグラフ検査というのは、「うそ発見機」とも呼ばれます。質問を

したときの被疑者の脈拍、呼吸、発汗などの生理的変化を記録し、その話がほんとうかうそかを調べる捜査です。テレビドラマやバラエティ番組でもでてくるあれです。

■図表17①―文字情報のビジュアル化

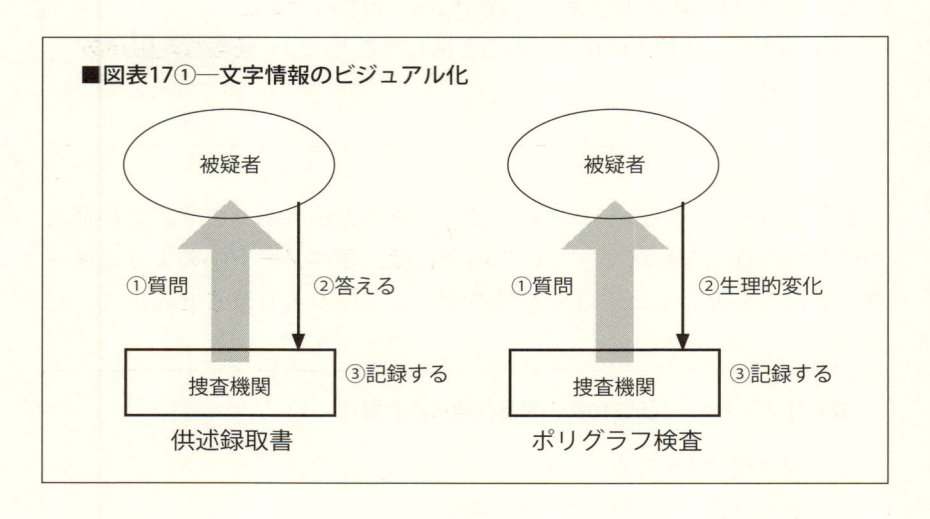

被疑者　　　　　　　　　　被疑者
①質問　②答える　　　　　①質問　②生理的変化
捜査機関　③記録する　　　捜査機関　③記録する
供述録取書　　　　　　　　ポリグラフ検査

　この「生理的変化」(図表17①ポリグラフ検査の②の部分)が「供述」(憲法38条1項[17])といえるか(黙秘権侵害にならないか)というのが論点です。
　しかし、なぜポリグラフ検査の生理的変化が「供述」かどうかを問題にしているのかが、少し読むだけではわかりにくいのです。

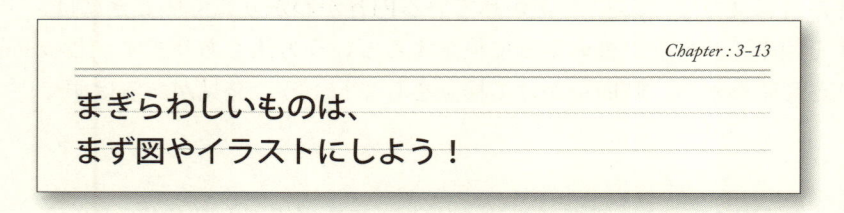

Chapter : 3-13

まぎらわしいものは、まず図やイラストにしよう！

17　「何人も、自己に不利益な供述を強要されない。」(憲法38条1項)

これを図表17②のように対比して図にしてみると、通常の供述とポリグラフ検査の生理的変化（図表17②それぞれの②の部分）が似ているようにも思えることがわかります。それ以外の部分は基本的に同じだからです。これは図にすることでわかることです。

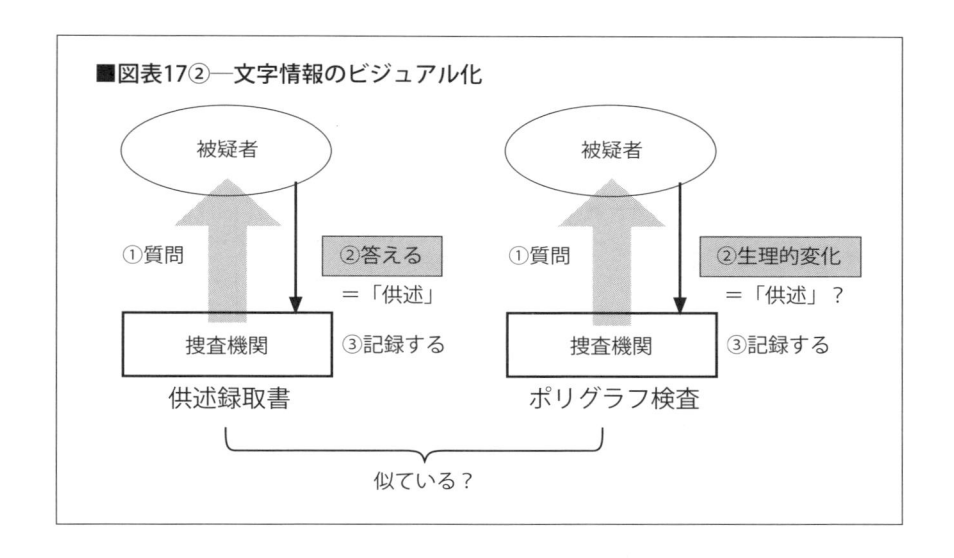

■図表17②――文字情報のビジュアル化

被疑者　　　　　　　　　　　被疑者
①質問　②答える　　　　　①質問　②生理的変化
　　　＝「供述」　　　　　　　　＝「供述」？
捜査機関　③記録する　　　捜査機関　③記録する
供述録取書　　　　　　　　ポリグラフ検査
　　　　　　似ている？

（8）　マトリックス

　図表18は、縦のマスと横のマスが交差（クロス）した図表（ここでは「**マトリックス**」といいます）のパターンです[18]。たてと横に項目を入れて「図」にすると、そのぶつかりあいにマスができます。余白がなくなるように調べて整理することで、概念が明確になってきます。

---

[18] こうした図は、単に「表」と呼びマトリックスとは呼ばないものもありますが（飯田英明『ノート・手帳・企画書に使える！図解表現基本の基本』（明日香出版社・2011）、山田雅夫『図解力の基本』（日本実業出版社・2010））、フレームワークのひとつとして「マトリックス」と呼ぶもの（永田豊志『頭がよくなる「図解思考」の技術』（中経出版・2009）106頁）、「マトリックス図」と呼ぶもの（奥村隆一『考えをまとめる・伝える図解の技術』（日本経済新聞出版社・2011）22頁）、「情報型マトリックス（テーブルタイプ）」と呼び、法律を学ぶうえで重要だと指摘するもの（金井高志『民法でみる法律学習法』（日本評論社・2011）53頁）もあります。

「マトリックス」というと、図表18の左のようなイメージが強いかもしれません。本書では、図表18の右のようなものを指しています。

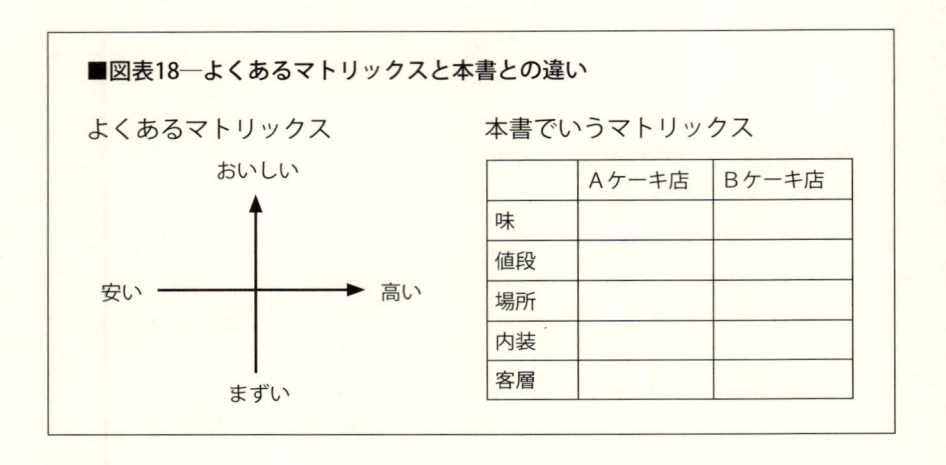

■図表18—よくあるマトリックスと本書との違い

よくあるマトリックス

（おいしい—安い—高い—まずい の2軸図）

本書でいうマトリックス

	Aケーキ店	Bケーキ店
味		
値段		
場所		
内装		
客層		

2つの権利（図表19では人権）を整理する方法があります。下の図をみてください。憲法で勉強する「自由権」と「社会権」の違いを、さまざまな角度（たて軸）から分析しています。

■図表19—マトリックス①—2つの権利をさまざまな視点で整理

	自由権	社会権
国家との関係	国家からの自由	国家による自由
権利の性質	消極的権利	積極的権利
背後の主義	自由主義	福祉主義

まぎらわしいものは、さらに図やイラストを書いてみましょう。わからないもの、あいまいなものは、まず図やイラストにしてみるのです（⇨次頁の図表20）。

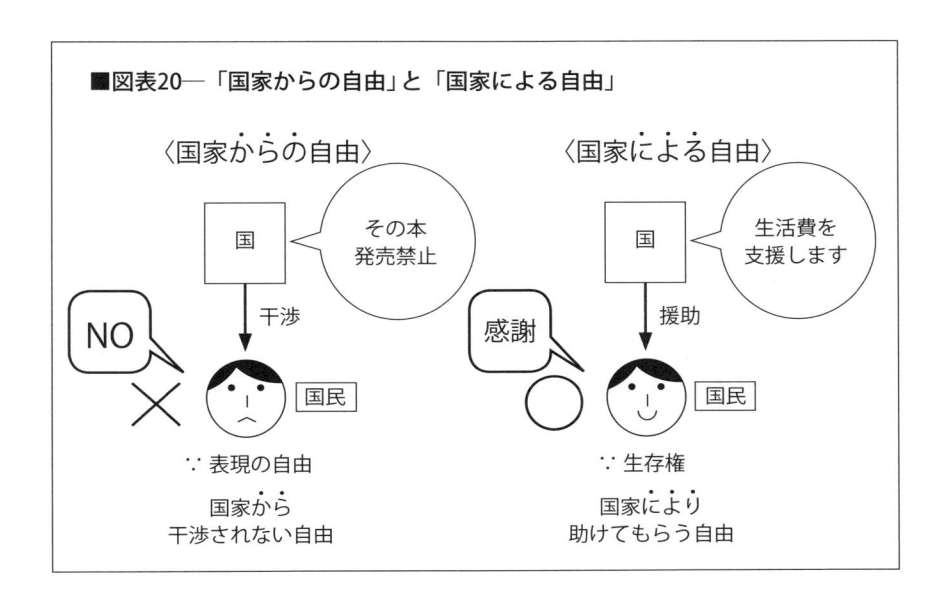

■図表20——「国家からの自由」と「国家による自由」

〈国家からの自由〉　　　　　　　〈国家による自由〉

国 →(干渉) 国民　その本発売禁止　　国 →(援助) 国民　生活費を支援します

NO ×　　　　　　　　　　　　　感謝

∴ 表現の自由　　　　　　　　　∴ 生存権

国家から　　　　　　　　　　　国家により
干渉されない自由　　　　　　　助けてもらう自由

　似た概念は、図表19のように、たて軸の比べる対象（要素）を増やせば増やすほど、違いがはっきりしてきます。

　図表21のような整理をする方法もあります。ここでは、民法で勉強する「代理」と「使者」の違いを、マトリックスにしています。

　両方とも「他人が本人のために行動する」という意味では同じです。なにが違うのかを明らかにします。違いをはっきりさせるために、たて軸が必要になります。

■図表21——マトリックス②——似た概念をさまざまな視点で整理

	代理	使者
意思決定	代理人ができる	本人が行う
錯誤など	代理人の意思と代理人の表示をみる（101Ⅰ）	本人の意思と使者の表示をみる
責任	無権代理人の責任（117）	なし

2……体系書を読むときのノート術

マトリックスのつくり方のコツは、すでにお話した「図表」のつくり方と基本的には同じです（⇨80頁）。まず表の枠をつくり、1番上の段（横軸）に比較をする用語や概念を書きます（図表22の①）。次に左のたて軸に比較をする要素を列挙します（図表22の②）。

■図表22―マトリックスの基本パターン①

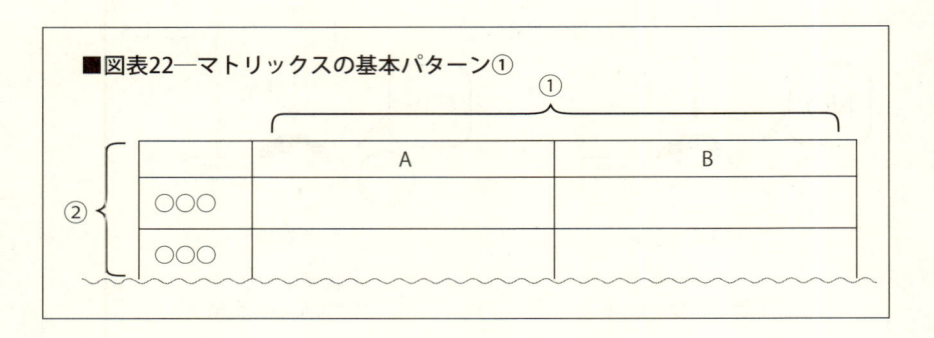

	A	B
○○○		
○○○		

①＝横軸（A、B）
②＝たて軸（○○○）

　図表22内の②「○○○」の部分に入れる要素は、比べる用語や概念によっていろいろなものがあります。よくでてくるものとしては、〈条文、定義、趣旨、法的性質、要件、効果……〉などがあります。
　こうした法律の用語や概念、制度などを比較する際の視点は体系書を読み、表を自分でつくるなかでたくさん知っていくことになります。
　基本的には、体系書の該当する場所に書かれている記述を抽象的な言葉で短くまとめると、「○○○」の部分はうまります（たとえば、3年、5年などの期間の記述があるのであれば抽象的に「期間」とまとめます）。以下、よくでてくるものの例を挙げておきます。

● 「○○○」に入れる要素の典型例

定義、条文、趣旨、根拠、内容、事由、対象（者）、要件、効果、方式、行使方法、〜の可否、〜の要否、〜との関係、問題点、（時効）期間……など。

こうした要素をその用語の比較に必要な限度でピックアップし、図表23のように左側のマスをうめていきます。

■図表23―マトリックスの基本パターン②

	A	B
定義		
条文		
趣旨		
内容		

　たとえば、79頁で挙げた民法の類似用語のひとつ「取消と無効」を、A、Bに入れてみると、図表24のようになります。

■図表24―マトリックス―取消と無効

	取消	無効
定義		
条文		
趣旨		
内容		

（9）　ツリー

　「**ツリー**」をつくる方法もあります。「ツリー」というのは、木のように、

枝葉が分かれていく様子をあらわした図（**樹形図**(じゅけいず)）のことです。

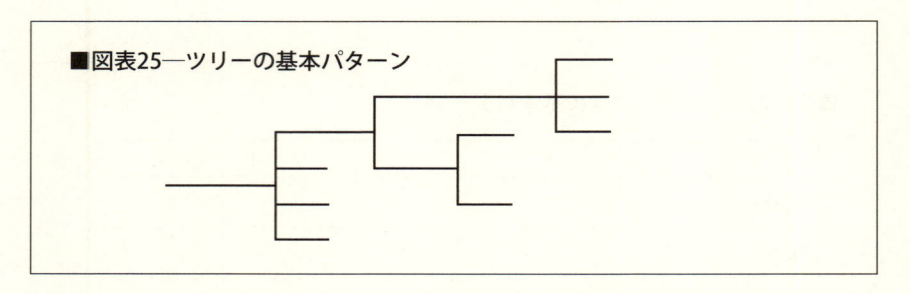

■図表25——ツリーの基本パターン

「ツリー」[19]は、構成や分類、位置づけ、系統、全体構造のほか、概念相互の関係などをビジュアル化するときに便利です。

■図表26——ツリー①——権利の位置づけを整理

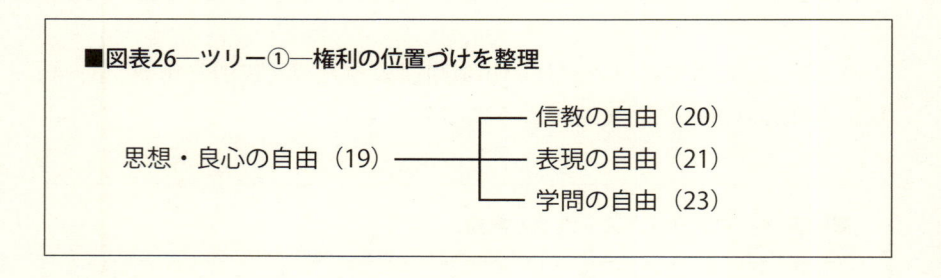

思想・良心の自由（19）——┬── 信教の自由（20）
　　　　　　　　　　　　├── 表現の自由（21）
　　　　　　　　　　　　└── 学問の自由（23）

図表26は、憲法の人権の位置づけです。思想・良心の自由が、精神的自由権の中核にあることを「ツリー」で示しています。

ほかにもさまざまな「ツリー」をつくることができます。次頁の図表27は、権利の内容（構成要素）を整理したものです。

---

[19] 「ツリー」は、「ツリー」と呼ぶもの（山田・前掲注18）60頁）、「ツリー図」と呼ぶもの（奥村・前掲注18）18頁）、「構成を表す図」と呼ぶもの（飯田・前掲注18）16頁）もの、ロジックツリー（ロジックツリー構図・樹形図）と呼ぶもの（金井・前掲注18）17頁）、「ツリー」と呼びながら内容によって「ロジックツリー」「分類ツリー」などに分けるもの（永田・前掲注18）105頁）などがあります。

■図表27─ツリー②─権利の位置づけを整理

```
学問の自由 ─┬─ ① 学問研究の自由
           ├─ ② 研究発表の自由
           └─ ③ 教授の自由
```

「ツリー」で整理をするときは、**長い言葉で書かずに重要な要素を短い言葉で書いたほうがよい**です。

キーワードのみにするくらい短くする、図表28の「短い例」のようにキーワードにマーカーをぬったり、赤ペンなどの色ペンで線を引いたりすると、パッとみてすぐに理解できる整理ができます。「学問研究」「研究発表」のようにいっけんするとまぎらわしい言葉の違いも明らかになり、おぼえやすくなります。

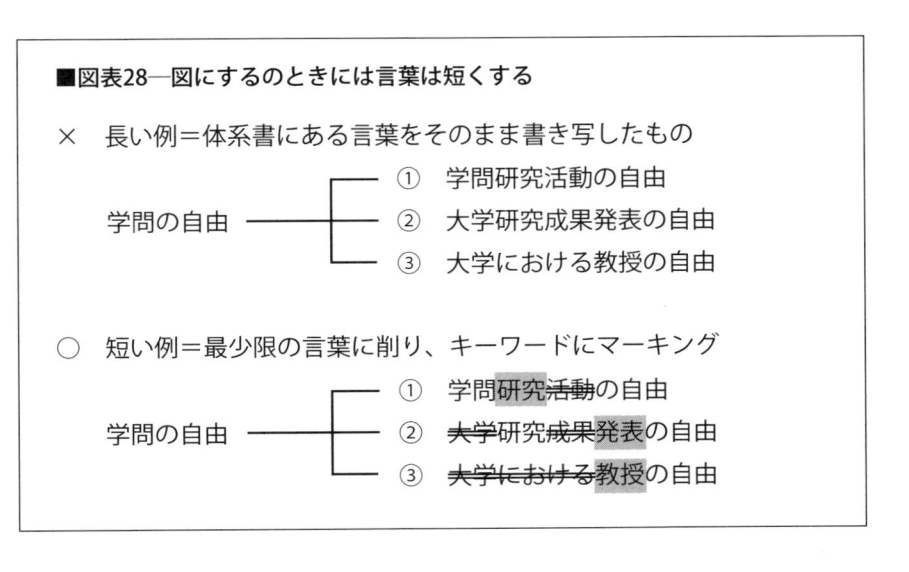

■図表28─図にするのときには言葉は短くする

× 長い例＝体系書にある言葉をそのまま書き写したもの

```
学問の自由 ─┬─ ① 学問研究活動の自由
           ├─ ② 大学研究成果発表の自由
           └─ ③ 大学における教授の自由
```

○ 短い例＝最少限の言葉に削り、キーワードにマーキング

```
学問の自由 ─┬─ ① 学問研究活動の自由
           ├─ ② 大学研究成果発表の自由
           └─ ③ 大学における教授の自由
```

学問の自由の内容（①から③の３つ）は、とても重要です。「学問の自由の内容は？」ときかれたら、すらすらと答えられるようになる必要があります。しかしこれを丸暗記しようとすると忘れてしまいます（「あれ、あとひとつなんだっけ？」と）。**法律の勉強でも記憶することが必要です。キーワードを活用して簡潔におぼえましょう。**

　法律（憲法も）は、実社会にあることを対象にしています。わたしたちが暮らす実社会でのことなので（⇨図表29）、あたまのなかでイメージしやすいはずです（もちろん知らない世界は想像力を働かせます）。

■図表29─あたまのなかにイメージを浮かべて整理しよう

学問の自由＝学者の先生ってなにしてるんだっけ？

　　まずは研究だろうな（これはイメージできそう）
→①研究の自由

　　それから研究成果を学会や本などで発表するんだろうな
→②発表の自由（想像してみる……）

　　大学では教室で学生に教えている（これが１番身近な姿）
→③教授の自由（要するに「教える自由」だな）

「学問の自由」という言葉をみたときに、こうしたイメージが連想であたまのなかにうかぶようになれば、あとはそれをキーワードを使って答案に表現するだけです（このときに**用語は正確に記憶することが重要ですが、丸暗記ではなく、イメージをつかむことが大切です**）。

(10) フローチャート

「**検討順序**」（**プロセス**）を単純に「**箱**」（☐）でまとめ、「**矢印**」（→）で書いて整理する図もあります（⇨図表30）。次頁の「**フローチャート**」はこの発展形で、こちらは単純な一方向の流れを整理するときに使います。

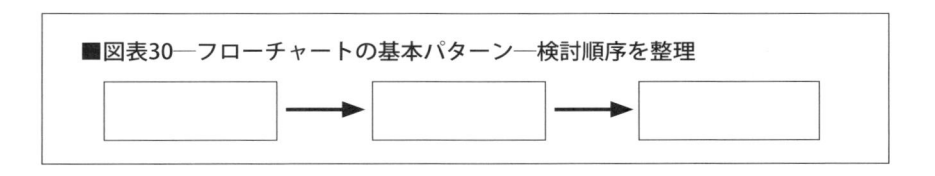

■図表30——フローチャートの基本パターン——検討順序を整理

☐ → ☐ → ☐

たとえば、図表31のように使います。

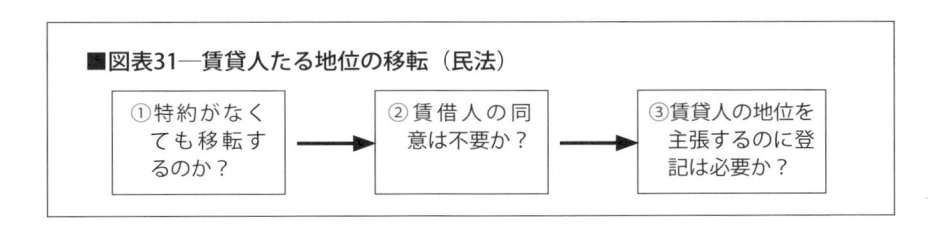

■図表31——賃貸人たる地位の移転（民法）

①特約がなくても移転するのか？ → ②賃借人の同意は不要か？ → ③賃貸人の地位を主張するのに登記は必要か？

検討すべきものが複雑な場合には、「フローチャート」にする方法があります。法律の勉強は、思考プロセスが重要です。答えはひとつではないのですが、論理的な流れや検討順序には「正しいもの」と「誤っているもの」があります（なかには「不正確なもの」や「不十分なもの」もありますが、どこまで単純にするかの問題に過ぎないものは一応「正しいもの」

2……体系書を読むときのノート術　99

のといってよいでしょう[20]）。

「正しい流れ」のひとつをビジュアルで整理するのが、「フローチャート」です。「**YES・NO方式**」で、「矢印」（──→）を使って流れを書きこんでいく方法が典型です。

図表32は、刑法の犯罪が成立するための要件（犯罪成立要件）を「フローチャート」で整理したものです。

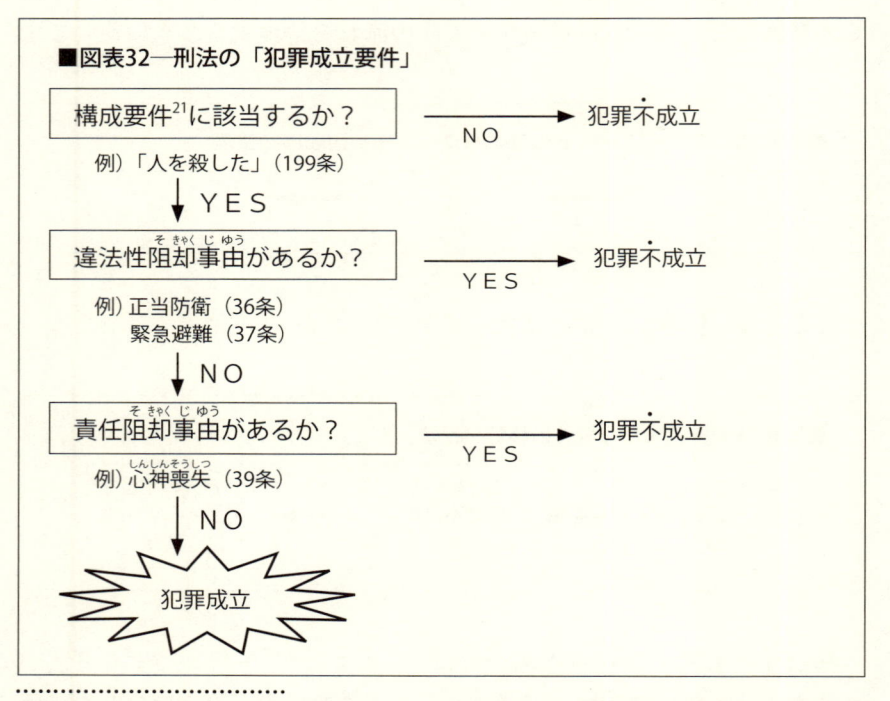

■図表32──刑法の「犯罪成立要件」

```
┌─────────────────────┐
│ 構成要件[21]に該当するか？ │────NO────→ 犯罪不成立
└─────────────────────┘
    例）「人を殺した」（199条）
           ↓ YES
┌─────────────────────┐
│ 違法性阻却事由があるか？  │────YES───→ 犯罪不成立
└─────────────────────┘
    例）正当防衛（36条）
       緊急避難（37条）
           ↓ NO
┌─────────────────────┐
│ 責任阻却事由があるか？   │────YES───→ 犯罪不成立
└─────────────────────┘
    例）心神喪失（39条）
           ↓ NO
        ☆ 犯罪成立 ☆
```

20　たとえば「刑法の「犯罪成立要件」」の「フローチャート」で、「構成要件に該当するか？」の「→NO」のあとに「犯罪成立」と書けば間違い（誤り）です。犯罪になるための要件である「構成要件」に該当しないものは、犯罪ではないからです。しかし「違法性阻却事由があるか」の「例」に「正当行為」や「業務行為」を書かなかったとしても、それは「不正確」「不十分」といわれることはあっても間違い（誤り）ではありません。あくまで例を2つ（「正当防衛」と「緊急避難」）挙げただけで、すべての例を書きつくすための「フローチャート」ではないからです。

それぞれの科目にこうした大きな意味での「フローチャート」があります。また個別の論点や問題点などでも「フローチャート」があります。すべてノートに書くというよりも、わかりにくいものや、くり返し使う重要な思考プロセスなどを、特にまとめるのがよいと思います。くり返し使う重要な思考プロセスは、刑法でいう犯罪成立要件がこれにあたります。

　ほかにも、憲法でいえば人権侵害の問題を検討するためのプロセス、民法でいえば契約が有効に成立するための要件などもあります。

21　構成要件というのは、刑法などで定められた犯罪の枠組みを定めた要件のことです。殺人罪の場合には「人を殺した」ことが構成要件です。ただし、一般的に構成要件に該当するといえるためには、①実行行為、②結果の発生（未遂犯の場合は不要）、③実行行為と結果との間の相当因果関係、④故意（構成要件が定める事実に対する認識と認容のこと。たとえば、人の背中を包丁で刺した犯人がその事実を理解していて、死んでしまうかもしれないけれどかまわないと思っていたこと）が必要になります。

| 先人の言葉から
感じとろう！

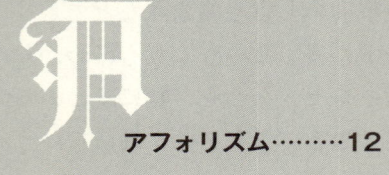

アフォリズム………12
APHORISM

　「学問とは広い言葉で、精神を扱うものもあるし、物質を扱うものもある。修身学や宗教学、哲学などは精神を扱うものである。天文、地理、物理、化学などは物質を扱うものである。いずれもみな知識教養の領域を広くしていって、物事の道理をきちんとつかみ、人としての使命を知ることが目的である。知識教養を広く求めるには、人の話を聞いたり、自分で工夫をしたり、書物を読むことが必要だ。」

　　　……福澤諭吉・齋藤孝訳『現代語訳　学問のすすめ』
　　　　　　　　　　　　　（ちくま新書・2009）22頁

　『学問のすすめ』は、近代日本の礎（いしずえ）をつくった明治時代の大ベストセラーです。最近では明治大学教授の齋藤孝さんの現代語訳もあり、気軽に読めるようになりました。同書には法律を学ぶべき必要性も書かれています。近代化にあたり急務だったのが法律を学ぶことでした。日本の法学はここに出発点があります。法律にかぎらず学ぶことの意味をやさしい言葉で深くえぐった快作です。

3　テキストを読むときのノート術
——整理、補充、書きこみ

　テキストというのは、本書では、学者の先生が学術的にその法律の体系をまとめた書籍（体系書）ではなく、学生や資格試験などの勉強をする人に向けてわかりやすく書かれた書籍（テキスト）のことをいいます（テキストの多くは、予備校の講師が書いていますが、学者の先生が意欲的に書かれているものも最近では増えています）。

　テキストは、2色刷り印刷はもちろん、「図」や「表」、「フローチャート」などもふんだんに使われているものが多いです。テキストそのものがノート代わりになることが多く、自分でつくらなくても、すでにビジュアル情報ができているというよさがあります。

　もっとも、すべての情報がビジュアル化されているわけではありません。体系書と同じく、文字情報しか掲載がなくわかりにくい部分は、そのテキストの余白などに、ビジュアル化したものをどんどん書きこんでいきましょう。

　その技術（方法論）は、すでにお話をした「体系書を読むときのノート術」と同じです（⇨70頁）。

　以下、復習もかねて、①整理の方法、②補充の方法、③書きこみの方法の例を挙げておきます。

　次頁の図表33は、民法の「占有概念」の整理をした「ツリー」と「図」です。具体例を「関係図」にしながら書いていますので、いろいろな図をミックスした整理方法です。自己占有、自主占有、代理占有などという言葉のひとつひとつをみていると、こんがらかってくると思います。それを賃貸借という具体例を「**図**」にしながら、概念は「**ツリー**」で整

理することで、違いをはっきりさせています。なお、「e.g.」というのは具体例の「**省略記号**」です。

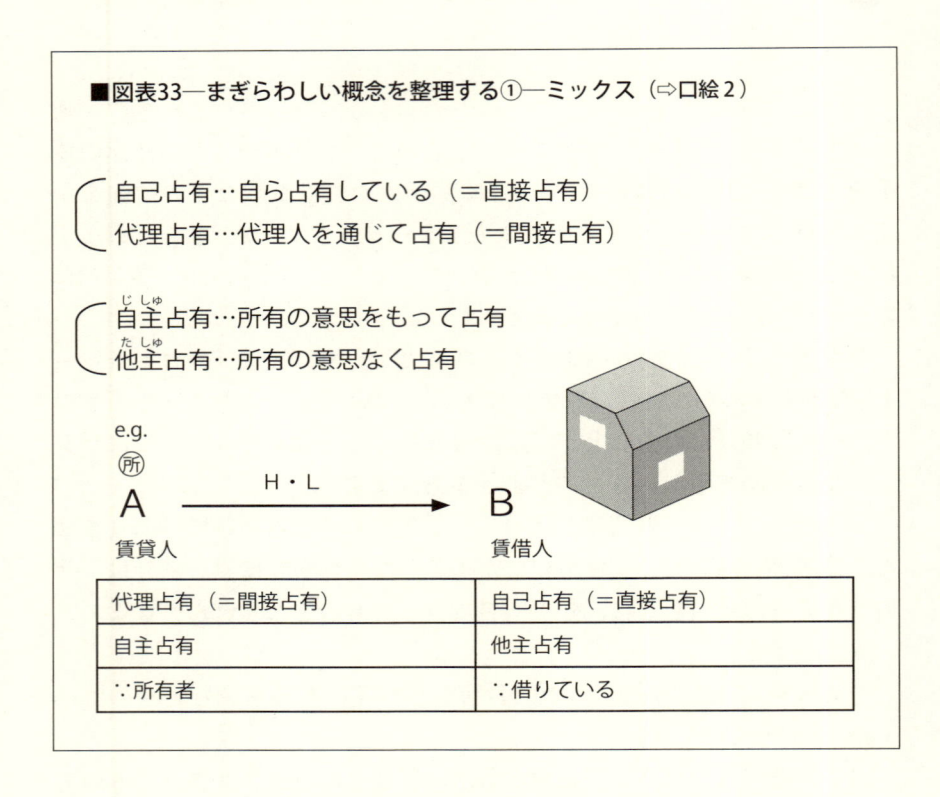

■図表33―まぎらわしい概念を整理する①―ミックス（⇨口絵2）

　⎰ 自己占有…自ら占有している（＝直接占有）
　⎱ 代理占有…代理人を通じて占有（＝間接占有）

　⎰ 自主(じしゅ)占有…所有の意思をもって占有
　⎱ 他主(たしゅ)占有…所有の意思なく占有

e.g.
㊺
A ――H・L――→ B
賃貸人　　　　　賃借人

代理占有（＝間接占有）	自己占有（＝直接占有）
自主占有	他主占有
∵所有者	∵借りている

　まぎらわしい概念の整理は、体系書を読むときと同じです。テキストを読んでもわからないものは、自分で余白に整理をしていきましょう。次頁の図表34はオーソドックスな「**マトリックス**」です。憲法でよくでてくる「平等概念」も似たような言葉がたくさんでてきて、ごちゃごちゃになりがちです。「マトリックス」で整理しておくと心強いでしょう。

■図表34―まぎらわしい概念を整理する②―マトリックス（⇨口絵2）

	近代における平等	現代における平等
内容	①形式的平等（機会の平等） ②機会の平等 ③消極的平等（自由国家）	①実質的平等（結果の平等） ②条件の平等 ③積極的平等（社会国家）
正義	平均的正義	配分的正義

　テキストをノート代わりに使う場合でも、情報として不足している場合や、記載が不十分な場合があります。そういうときには、近くの余白に補充をしましょう。

　補充と同様に書きこみもどんどんしていきましょう。すでに先輩がつくってくれたテキストを活用し、足りない部分や、自分にとって弱い（理解がしにくい）部分を書きこんでいけば、かなりの情報をカバーしたオリジナルのテキストができます。

　条文を六法から切り取りはりつけて、そこに書きこむ方法もあります。

　いずれにしてもテキストだからといって安心せず、どんどん自分の手で書きこみをして、よりよいものにしていくことです。手を動かした部分は、同じテキストを使った人でも十分に理解がでてきない可能性が高い部分です。同じテキストを使っていても、ちょっとした工夫で差がついていきます。
　わかりやすく整理されたテキストでも補充すべきことは必ずあります。勇気を出して、トライすることです。

|先人の言葉から感じとろう！|

アフォリズム………13
APHORISM

「なにより大切なことは、裁判所や学者の示した憲法の解釈の内容をよく理解することに努めなければならないことである。自分がどのような解釈に賛同するかということは後まわしにしておいて、まず、他人の言うことをよく理解することが必要である。「学ぶ」とは、そういう姿勢のことをいうのである。」

……戸松秀典『プレップ憲法〔第3版〕』
（弘文堂・2007）34頁

　法的思考が大事といっても、あなたの独創的な意見が求められているわけではありません。もちろん、将来的には、あなたの創造的な意見が社会の役に立つこともあるでしょう。しかし、いまあなたがやるべきは、法学の基礎を学ぶことです。素振りもしないでホームラン宣言をするバッターになってはいけません。まずは先人の知恵を、深く理解することが大事なのだと思います。

4 判例を読むときのノート術

　判例を読むときにも、事案の概要、争点、判例の流れや位置づけ、分析の結果などを書きあらわし、ノートやカードに整理をすると、すっきりするものがあります。
　すべてつくる必要はありませんが、まぎらわしいものや、わかりにくいものについては整理をする時間をつくりましょう。試験対策などで、重要で基本的な判例を記憶するために、判例や規範をコンパクトにまとめたカードなどをつくるのも手です。

Chapter : 3-14

判例を読むときにも、カードやノートをつくろう！
→まぎらわしいものや、わかりにくいものを整理するとき
　重要で基本的な判例を記憶したいときに役立つ。

　重要で基本的な判例（体系書やテキストを読んでいるとくりかえし登場する判例、『判例百選』に掲載されている判例など）は、ある程度、エッセンスを理解したうえでおぼえていることも必要になります。整理をし、記憶を助けるためにも、「**判例カード**」のようなものをつくってみるのも、慣れないうちは勉強になります。
　次のような項目を挙げて、簡潔に判例の情報を書きます。理解をしていないと書けませんので、書くときに勉強になります。あとで何度も読み返すことができる心強いグッズにもなります。

```
■判例カード①――判例カードに挙げる情報

【事件名（判決裁判所・年月日・掲載誌）】
【関係条文】
【判示事項（要旨）】
```

たとえば、民法で「権利濫用」が問題になった判例を例にすると、下の図のようになります。**大事なことは、長く書かないこと。**コンパクトにまとめるのも実力です。カードをつくることは、ポイントをつかんで短くまとめるトレーニングにもなります。

```
■判例カード②――「権利濫用」（民法）

【事件名】
　宇奈月温泉事件（大判Ｓ10.10.5・百選Ⅰ（6版）1）
【関係条文】
　民法1条3項
【判示事項】
　所有権侵害があっても、損害が少なく、侵害除去に莫大な費用を
　要するときに、不当な利得を得るために所有権を取得し、侵害の
　除去を請求することは「権利濫用」にあたる。
```

判例は結論が重要なものもありますが、判断基準（判断枠組み）を示した部分に価値があるものが多いです。類似の事件においては、その判

例の判断基準を使い、事実をあてはめることになるからです。

「**規範をカード**」にする方法については、第4章2「**論証カード（規範カード）**」で後述します（⇨146-160頁）。ここでは、判例の判示部分（判決の判決理由で書かれている文章）から、「**規範**[22]」のエッセンス（主な要素）をコンパクトにまとめて整理する方法を説明します。

たとえば、下の判例は行政法や租税法で有名な最高裁判決です。<u>とくに下線部分に注意をしながら読んでみてください。</u>

> ●判例の規範
>
> 「租税法規に適合する課税処分について、法の一般原理である信義則の法理の適用により、右課税処分を違法なものとして取り消すことができる場合があるとしても、法律による行政の原理なかんずく租税法律主義の原則が貫かれるべき租税法律関係においては、右法理の適用については慎重でなければならず、租税法規の適用における納税者間の平等、公平という要請を犠牲にしてもなお当該課税処分に係る課税を免れしめて納税者の信頼を保護しなければ正義に反するといえるような特別の事情が存する場合に、初めて右法理の適用の是非を考えるべきものである。そして、<u>右特別の事情が存するかどうかの判断に当たっては、少なくとも、税務官庁が納税者に対し信頼の対象となる公的見解を表示したことにより、納税者がその表示を信頼しその信頼に基づいて行動したところ、のちに右表示に反する課税処分が行われ、そのために納税者が経済的不利益を受けることになったものであるかどうか、また、納税者が税務官庁の右表示を信頼しその信頼に基づい</u>

---

[22] 規範というのは、その条文を適用するために検討すべきことが示されたものです。条文を読んだだけではっきりするものは少なく、多くの場合には裁判所が行った解釈（判例）を読む必要があります。「判断枠組み」「判断基準」などと呼ばれるものです。その事案における法律関係を確定するための「ものさし」になるため、法律を勉強するにあたってはとても重要です。論文式の試験では、「規範」を示した上で、その事案の事実を「あてはめ」ることが必要になります。

> て行動したことについて納税者の責めに帰すべき事由がないかどうか
> という点の考慮は不可欠のものであるといわなければならない。」
> （最高裁第三小法廷昭和62年10月30日判決・判例タイムズ657号66頁）

　この判決は、租税法（課税関係）にも、民法1条2項の信義則（信義誠実の原則[23]）が適用されるかについて判示されたリーディング・ケースです。租税法には信義則が適用されるかどうか明文がないため問題になりました。具体的には、税務署職員などの指導を信じてそのとおりに確定申告をしたのに、その指導が誤りだったとして課税処分があとからされたような場合などに問題になります。
　上の最高裁昭和62年判決は、「特別の事情」があれば信義則が適用される場合があることを判示し、その「特別の事情」が認められるための要件（規範）を下線で明らかにしています。これをさらにコンパクトにまとめると、次のようになります。
　最初にまず、下線部分のまとまり（要素）ごとに番号をふります（①、②、③……という番号をふるのが通常です）。

作業1──判例の規範部分に、要素ごとに番号をふる

「……右特別の事情が存するかどうかの判断に当たっては、少なくとも、①税務官庁が納税者に対し信頼の対象となる公的見解を表示したことにより、②納税者がその表示を信頼しその信頼に基づいて行動したところ、③のちに右表示に反する課税処分が行われ、④そのために納税者が経済的不利益を受けることになったものであるかどうか、また、⑤納税者が税務官庁の右表示を信頼しその信頼に基づいて行動し

---

[23]「権利の行使及び義務の履行は、信義に従い誠実に行わなければならない。」（民法1条2項）

> たことについて納税者の責めに帰すべき事由がないかどうかという点の考慮は不可欠のものであるといわなければならない。」

次に番号をつけたそれぞれの要素を抜き出します。

> **作業2** ―番号をつけたそれぞれの要素を抜き出す
> ① 税務官庁が納税者に対し信頼の対象となる公的見解を表示したことにより、
> ② 納税者がその表示を信頼しその信頼に基づいて行動したところ、
> ③ のちに右表示に反する課税処分が行われ、
> ④ そのために納税者が経済的不利益を受けることになったものであるかどうか、
> ⑤ 納税者が税務官庁の右表示を信頼しその信頼に基づいて行動したことについて納税者の責めに帰すべき事由がないかどうか

最後に、それぞれの要素の末尾(まつび)を「〜こと」などに整えて、かつ削(けず)ることができる部分は削って、文章を短くします。

> **作業3** ―要素の末尾を整え、削れる部分は削り短くする
> ① 税務官庁が納税者に対し信頼の対象となる公的見解を表示したこと~~により~~
> ② 納税者がその表示を信頼しその信頼に基づいて行動したこと~~ところ~~
> ③ のちに右表示に反する課税処分が行われたこと~~、~~
> ④ そのために納税者が経済的不利益を受けることになったこと~~もの~~

⑤ 納税者が税務官庁の右表示を信頼しその信頼に基づいて行動したことについて納税者の責めに帰すべき事由がないこと~~かどうか~~

注）「二重取消線」（=）は削除、「波線」（〰〰）は加筆。

それでも文章はある程度の長さをもっているので、**最後にキーワードになる部分にマーカーをぬります**（あるいは赤などの色ペンで線を引き強調します）。

作業4 ──キーワードにマーカーをぬる

① 税務官庁が納税者に対し信頼の対象となる公的見解を表示したこと
② 納税者がその表示を信頼しその信頼に基づいて行動したこと
③ のちに右表示に反する課税処分が行われたこと
④ そのために納税者が経済的不利益を受けることになったこと
⑤ 納税者が税務官庁の右表示を信頼しその信頼に基づいて行動したことについて納税者の責めに帰すべき事由がないこと

このようにキーワードを特定することで、信義則が適用されるためには、要するに①税務官庁から「公的見解の表示」があり、②「表示を信頼」した納税者が「信頼に基づき行動」をし、③この「表示に反する課税処分」が行われ、④それによって納税者が「経済的不利益」を受け、かつ、⑤納税者に「帰責事由」[24]がないことが必要なんだな、と理解をすること

---

[24] 「責めに帰すべき事由」（その人の責任だといわれても仕方がないような事情）のことを、略して「帰責事由」といいます。

ができるようになります。

> いま、ここで文章に書いたことは、とても重要です。図の書き方などをこれまでお話してきましたが、法律の勉強は図で勝負するわけではありません。図はあなたのあたまを整理し、記憶をしやすくするための道具、つまり手段です。
> **図をつくる過程でしぼりだされたエキス（キーワード）をたよりに、理解をした流れにそって文章を書く**[25]。これが法律の勉強で身につけるべき力なのです。

　ここからはノートづくりから少し離れますが、法律の勉強にとって重要なことですので、論文式の問題について答案を書く際の思考プロセス（あたまのなかでやること）を紹介したいと思います。だいたい次のようなことを考えて答案を書くことになります。

> ■答案に規範を書くときの思考プロセス
>
> 〔問題〕
> 　Ｔ税務署の職員Ａさんに相談したところ「××でいいですよ」といわれたので、そのとおり「××」として確定申告書を提出したＸさんは、２年後になってから、Ｔ税務署長から「××」という申告は誤りですといわれ更正処分を受けた。Ｘさんはどのような主張をすると考えられるか。その主張は認められるか。

---

[25] 文章の書き方についてさらに知りたい方は、木山泰嗣『弁護士が書いた究極の文章術』（法学書院・2009）、同『もっと論理的な文章を書く』（実務教育出版・2011）、同『センスのよい法律文章の書き方』（中央経済社・2012）をお読みください。

やるべきこと① ＝問われていることはなにかを考える

　XさんはT税務署の職員Aさんのいうとおりに確定申告をしたのにあとから間違いだったといわれて追徴課税を受けた。これは税務署職員の言葉を信じたのにあとから裏切られて処分を受けたことになるから、Xさんは信義則に反する課税処分だと主張したいだろうな。

やるべきこと② ＝論点をみつける

　でも租税法に信義則が適用されるかを定めた条文はないから、租税法にも信義則が適用されるかが問題になるんだったな。

やるべきこと③ ＝判例を思い出す

　租税法に信義則が適用されるためには、最高裁の判例があって（たしか昭和62年くらいだった）、要件がたくさんあったな。それを書けばいいんだな。要件はなんだっけ？そうだ。キーワードを思い出そう。

やるべきこと④ ＝キーワードを思いうかべる

　キーワードはなんだったかな。ここはきちんと勉強したぞ。えーと。そうだ。①「公的見解の表示」、②「表示の信頼」「信頼に基づく行動」、③「表示に反する課税処分」、④納税者の「経済的不利益」、⑤「帰責事由」だった。

やるべきこと⑤ ＝キーワードを使い自分の言葉で文章を書く

　キーワードを使って信義則が適用されるための要件をコンパクトに文章で書こう。

↓

「信義則が適用されるためには①税務官庁から公的見解の表示があり、②表示を信頼した納税者が信頼に基づき行動をし、③表示に反する課税処分が行われ、④それによって納税者が経済的不利益を受け、

かつ、⑤納税者に帰責事由がないことが必要である。」

やるべきこと Ⅵ ＝自分が立てた規範（要件）にあてはめる

　職員Ａさんの言葉を信じて確定申告をして課税処分を受けたのだから、②や③は認められるだろうな。あっ、でも確定申告は「行動」といっていいのかな。微妙かもしれない……。Ｘさんに落ち度もなさそうだから⑤は認められるだろう。

　でも、職員Ａさんの回答は「公的（こうてき）」な見解とまでいえるのかなあ（税務署長や国税局が文書で見解を示したわけではないし……）。あくまで職員Ａさんの個人的な、つまり私的（してき）な見解にとどまるのかもなあ。①の要件を満たすのが厳しそうだなあ……。

やるべきこと Ⅶ ＝結論を書く

　最後にあてはめの結果を書きます。要件を満たすと考えたのならば信義則の主張は認められると書き、要件を満たさないと考えたのならば信義則の主張は認められないと結論を書きます。

　法律の勉強では、結論はどちらもあり得る場合が多いです。大事なことは、「規範」（判例があればそれにならうことが多いです）をきちんと示し、それに問題文の事実をあてはまることです。そのためにも「規範」を書けることが重要になります。その手助けをしてくれるのが、キーワードなどでまとめたノートやカードなどになります。

　判例には判決の前提になった「事実」があります。文字情報としては複雑にみえる「事実」も、「図」であらわすと把握しやすくなります。全

部の事実を書くのではなく、主要なもののみをとりあげるのがポイントです。

　次頁の図表35は、その事案に登場する「行為」に光をあて整理をしたものです。法律関係が行為を基点に発生するため、有用な分析です。特に刑法では、さまざまな行為が登場し、どの行為にどのような犯罪が成立するかを検討することになります。
　まずは下の事例を読んでみてください（へえ～と読み流す感じでかまいません）。

〔事例〕

　甲は、酒癖が悪く、酔うと是非善悪の判断力を失い妻乙や二人の間の子供Aに暴行を加えることを繰り返しており、そのことを自覚していた。甲は、ある日、酒を飲み始めたところ、3歳になるAが台所で茶わんを過って割ってしまったことを見とがめ、Aの顔を平手でたたくなどのせっかんを始めた。甲は、しばらく酒を飲みながら同様のせっかんを続けていたところ、それまで泣くだけであったAが反抗的なことを言ったことに逆上し、バットを持ち出してAの足を殴打し重傷を負わせた。甲は、Aが更に反抗したため、死んでも構わないと思いつつAの頭部をバットで強打し死亡させた。乙は、その間の一部始終を見ていたが、日ごろAが乙にも反抗的態度をとることもあって、甲の暴行を止めようとはしなかった。甲については、逆上しバットを持ち出す時点以降は是非善悪の判断力が著しく減退していたとして、甲及び乙の罪責を論ぜよ。」

（旧司法試験・論文式（刑法）平成13年度第1問）

刑法では行為をピックアップすることが重要です。行為ごとに何罪になるかをみるからです。まず事例に下線を引きました。この下線は「甲（父）」がした行為の部分です。
　これをさらに図にすると、図表35のようになります。ひとつひとつの行為がはっきりとして、検討がしやすくなります。

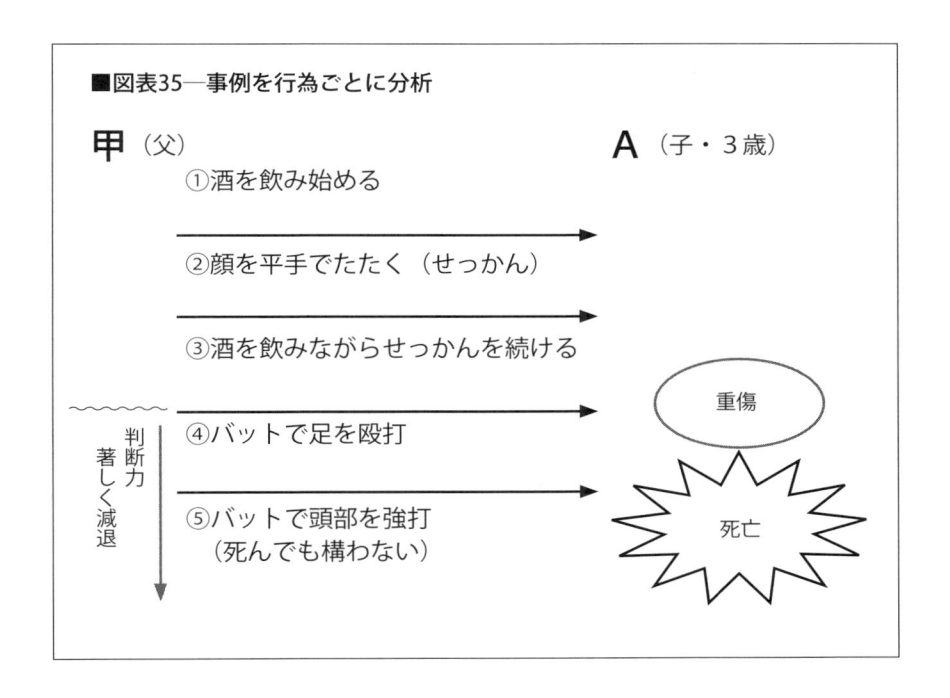

■図表35──事例を行為ごとに分析

甲（父）　　　　　　　　　　　　　　　A（子・3歳）

① 酒を飲み始める

② 顔を平手でたたく（せっかん）

③ 酒を飲みながらせっかんを続ける　　　重傷

④ バットで足を殴打

⑤ バットで頭部を強打（死んでも構わない）　　死亡

判断力著しく減退

　事例が複雑な場合は、要旨を「図」でまとめるのも重要です。「**省略記号**」（⇨72、74、104、119頁）などを使いながら、パッとみてすぐにわかるような簡略図をつくりましょう。
　このときに**注意すべきことは、事例を間違えないことです**。そんなことあたりまえじゃないかと思うかもしれません。しかし「図」そのものを書き間違えてしまうと、その判例を誤解してとらえることになってし

まいます。間違えないで「図」を書くことが出発点です。2、3度読み直して正しいことを確認しながら書きましょう。

「**関係図**」の書き方は、すでにお話したとおりです（⇨71-72頁）。復習のために、今度は、少し別の事例を「図」にしてみました。図表36は、事案は複雑ではありません。しかし番号のふり方ひとつで全く違う事例になってしまうのが特徴です。

■図表36─事例を図解した「関係図」

〈取消前の第三者〉　　　　　　　　　　〈取消後の第三者〉

① L・S　② L・S　　　　　　　① L・S　③ L・S
A ──→ B ──→ C　　　　A ──→ B ──→ C

　③ 96取消　　　　　　　　　　　② 96取消

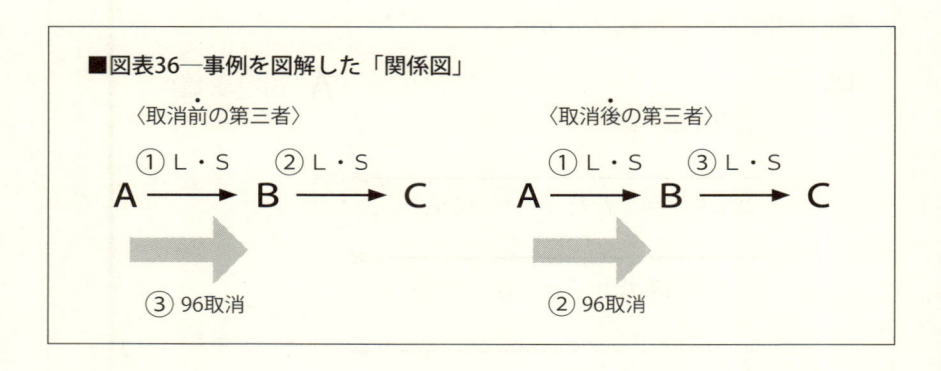

図表36にはほとんど同じような「関係図」が2つならんでいます。しかし両者はまったく違う事例で、処理の仕方も異なります。「右の図」と「左の図」で、どこが違うかわかりますか。

じつは、②と③の順序が違います。「左の図」は「取消前の第三者」と呼ばれるもので、「A→B→C」と土地の売買が2つされてから、AがBにだまされていたとして「詐欺取消し」をした場合です（⇨10-13頁）。これに対して「右の図」は「取消後の第三者」と呼ばれるものです。「A→B」のあとにAがBからだまされていたとして「詐欺取消し」をして（「②96取消」）、そのあとでBがCに対して土地を売っています。

「左の図」（「取消前の第三者」）の場合、すでにお話をした96条3項の「善意の第三者」にCがあたるかどうかで決着がつきます。「右の図」（取消後の第三者）の場合、これはひとつの論点です。取り消された後にCは

土地を買っているので、いったんAからBに移った土地の所有権が「詐欺取消し」でAに復活します。そのあとにCがBから買ったという点で、96条3項の「第三者」の問題にはなりません。判例上、177条を適用してAとCのうち、先に登記を備えたほうが原則として優先すると考えられています。

さて図表36には、数字がでてきました（「96」）。これは民法の条文番号です。96条は「詐欺取消し」の条文でした。こうしたよく使う条文は番号をおぼえれば、**省略記号**として番号を「図」に書くことができるようになります

ほかによく使うものに「94（通謀虚偽表示）」、「95（錯誤）」、「555（売買契約）」、「587（消費貸借契約）」、「709（不法行為）」、「415（債務不履行）」などがあります。もっとも555条の売買契約の場合には、図表36のように「省略記号」の「S（Sale）」を使うほうが早いです。

次頁の図表37は、論点の位置づけを分析した図です。似たような判例がたくさんあるような場合や、その事件が判断した論点を整理したい場合につくります。どの場面の問題なのか、これがポイントです。

判例では争点ごとに結論が示されます。ひとつの行為について複数の法律上の問題がある場合もあります。これを整理することも、事例の的確な分析につながります。

図表37のように、まず、4つの場面が考えられることを整理しています（①-④）。そのうえで、「米子銀行強盗事件」（最判昭和53.6.20）が、このうち③・④の問題であることを分析しています。

こうした全体との関係を示すことで、その論点の位置づけがわかります。判例百選や体系書などを読みながら、自分で①-④を書いていくことが重要です。

```
■図表37―論点の位置づけを分析

○米子銀行強盗事件（最判 S 53. 6. 20 [26]）

→論点：職務質問に伴う所持品検査の適法性

→位置づけ
　①外部を観察して質問
　　⇒職務質問の範囲
　②開示を要求し、開示に応じたら検査する
　　⇒任意の承諾があり、職務質問に随伴
　③承諾がないのに、外部に触れる
　④承諾がないのに、中身を取り出して検査する
↓
この問題！
```

次頁の図表38はポストノーティス命令[27]の問題（憲法）です。なにが問題になったのか（どの人権が問題になったのか）を整理しておくことで、論点に対する問題意識がはっきりします。

このように1つの論点のなかにも、いくつかの問題がふくまれていることがあります。**カードやノートに、問題になる点を整理しておくと、論文式の問題を解くときに、問題点がポンポンうかぶようになり、武器**

---

26 刑集32巻4号670頁。
27 ポストノーティス命令というのは、不当労働行為を行った使用者に対して、陳謝や今後は不当労働行為をくり返さないことを書いた文書を掲示させるなどを命ずることです。「深く反省する」「誓約します」といった文言を強制させることが、憲法が保障する「思想・良心の自由」（憲法19条）や「沈黙の自由」（いいたくないことはいわないでよい自由のこと。表現をしない自由なので、消極的な意味での「表現の自由」として憲法21条1項で保障されると解されています）に反しないかが問題になりました。

になります。

> ■図表38──争点を整理する
>
> 〈ポストノーティス命令〉
> ① 思想・良心の自由（19）[28]に反しないか？
> ② 沈黙の自由（消極的表現の自由）（21Ⅰ）[29]に反しないか？
> 　最判Ｈ２.３.６[30]／最判Ｈ７.２.23[31]

　同じ論点について、判例が複数ある場合（憲法に多いです）、その流れ（歴史）をまとめておくと、混合がなくなります。同じ論点でありながら、微妙に判断枠組み（審査基準）や結論が違うという場合などは、違いをメモしておきましょう。

　比較すべきものが少ない場合には、次頁の図表39のようにコンパクトな図をつくるのも手です。必要な情報のみを抜き出しているので、読み返すときに、一瞬で違いがわかります。

　同じように判例の流れを整理する場合でも、それぞれの理由づけなどが重要で、書くべきことが多い場合もあるでしょう。その場合にはコンパクトにはなりませんが、ある程度、分量をさいてでも理由づけを書いておく方法もあります。

　もちろんすべての判例について書く必要はありません。とくに**自分が苦手にしている**（あるいは、ごちゃごちゃになる）**ものを意識的に取り上げて、１度整理の図を書いてみる**ことです。書くことであたまがすっきりしますし、**書くためにはわからないことは調べざるを得なくなるた**

---

[28]　「思想及び良心の自由は、これを侵してはならない。」（憲法19条）
[29]　「集会、結社及び言論、出版その他一切の表現の自由は、これを保障する。」（憲法21条１項）
[30]　判例タイムズ734号103頁。
[31]　民集49巻２号393頁。

め、勉強になります。

■図表39―判例の流れを整理する―コンパクト版

〈公衆浴場適正配置判決の推移〉

　　最大判S30．1．26 [32]
　　　　消極目的（国民保健及び環境衛生の確保）
　　　　→合憲（ＬＲＡ[33]使わず）
　　最判H元．1．20 [34]
　　　　積極目的（経営の安定）
　　　　→合憲（合理性の基準[35]）
　　最判H元．3．7 [36]
　　　　消極目的・積極目的混在（目的明示せず）
　　　　→合憲（合理性の基準）

　その判例の科目全体のなかにおける位置づけを、整理することも重要です。どの論点の、どの場面なのか、ある論点について、どのような判例があるのかなどをまとめるのです。

　以下に2つ例を挙げておきます。

---

[32] 刑集9巻1号89頁。
[33] 法律などで定められた規制が憲法に違反しているかを判断する際に使われる基準（違憲審査基準）のひとつ。Less Restrictive Alternativeの略からＬＲＡの基準と呼ばれるもので、「より制限的でない他の選びえる手段」があるかないかを検討し、あるのであれば憲法違反（違憲）になるため、「厳格な基準」（違憲になりやすい）といわれています。
[34] 刑集43巻1号1頁。
[35] 違憲審査基準（前掲注33参照）のひとつ。立法目的に合理性があるか、その手段としての規制に合理的関連性があるかなどを考慮し、合理性があれば合憲とされるため、「ゆるやかな基準」（合憲になりやすい）といわれています。
[36] 判例タイムズ694号84頁。

図表40は、民法の論点です。不法行為で被害者の素因（被害者が固有にもっていた状態や事情）を過失相殺[37]できるかという論点です。たとえば、首が平均よりも長いことが原因で被害が拡大したとか、持病があったために血が止まらずに重傷化したような場合です。

■図表40―判例の位置づけを概念ごとに整理する

最判Ｈ４.６.２５[38] 　　①身体的素因
　　　　　　　　　　　　イ　疾患
　　　　　　　　　　　　→考慮できる（722Ⅱ類推）
最判Ｈ８.１０.２９[39]　　 ロ　疾患にあたらない身体的特徴
　　　　　　　　　　　　→特段の事情がない限り考慮できず
最判Ｓ63.４.２１[40] 　　②心因的素因
　　　　　　　　　　　　→考慮できる（722Ⅱ類推）

　よくみてみると、素因といっても大きくわけると「身体的素因」（身体や肉体にある事情）と「心因的素因」（精神的な面の事情）の２つあることがわかります。「身体的素因」のなかにはさらに「疾患」（血友病をわずらっていたような場合）と「疾患にはあたらない身体的特徴」（首が長く頸椎に不安があったような場合）があることもわかります（⇨次頁の図表41）。

----

[37] 過失相殺というのは、不法行為の被害者の側にもなんらかの落ち度があったときにはその割合に応じて、損害賠償金を減額できる制度です。交通事故の被害者が、横断歩道のない道路にいきなり飛び出して自動車にひかれたような場合です。○％というかたちで過失割合が裁判所に認定され損害額から減額されます。民法722条２項に定めがあり「被害者に過失があったときは、裁判所は、これを考慮して、損害賠償の額を定めることができる。」とされています。
[38] 民集46巻４号400頁。
[39] 民集50巻９号2474頁。
[40] 民集42巻４号243頁。

4 ……判例を読むときのノート術

■図表41―さらに概念の整理

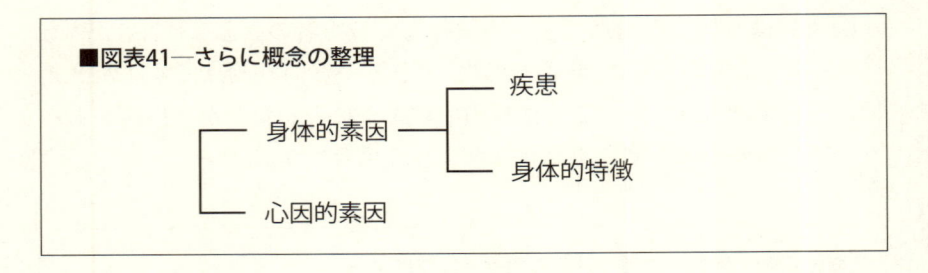

```
        ┌─ 身体的素因 ─┬─ 疾患
        │              └─ 身体的特徴
        └─ 心因的素因
```

　このように、似たような概念は、書き出してみることであたまが整理されます。

　図表42は、刑事訴訟法の論点である「任意捜査の限界」に関する判例を、整理したものです。

■図表42―判例の位置づけを論点ごとに整理

```
              ┌ ①有形力の行使
              │  →最決S51. 3. 16 [41]
任意捜査の限界 ┤
              │  ②宿泊を伴う長時間の取調べ
              └  →最決S59. 2. 29 [42]
```

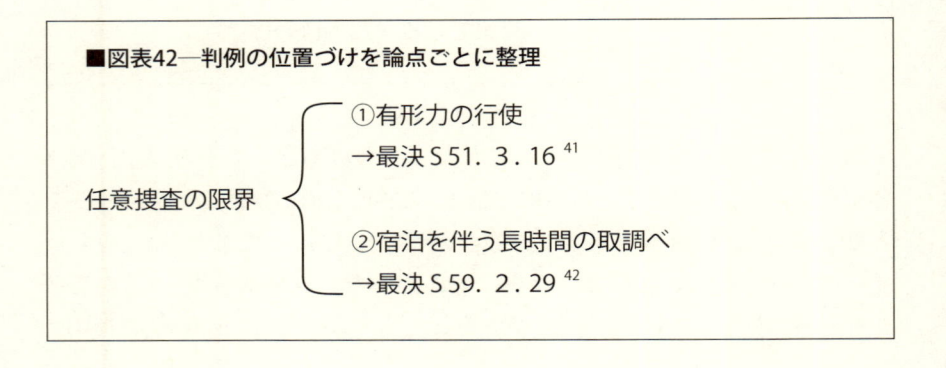

　図表42は、「任意捜査」（相手の承諾がなくてもできる「強制捜査」[43] と

41　刑集30巻2号187頁。
42　刑集38巻3号479頁。
43　強制捜査というのは、同意なく強制的に逮捕や取調べ、物の捜索や差押えをすることです。国家権力が同意もなく行う強い態様の捜査なので、裁判官が出す令状（逮捕状、捜索差押令状など）がなければできないのが原則です。これを「令状主義」といいます。憲法や刑事訴訟法で勉強します。

異なり、任意の協力のもとに行う捜査のことです）はどこまで可能かという「限界」の問題です。

任意捜査の限界については、典型論点として、図の①有形力の行使と、②宿泊を伴う長時間の取調べがあります。図は、それぞれについて判例があることを整理したものです。

まったく別の事件であるものの論点が共通しているため、まとめて勉強することが多い判例（同じ論点の判例）を整理する方法もあります。たとえば、憲法の「わいせつ文書と表現の自由」をめぐっては、「チャタレー事件」[44]「悪徳の栄え事件」[45]「四畳半襖の下張事件」[46]などがあります。ぼおっーと判例を勉強していると、こういう似た事件はどれも同じにみえてくるものです（どれも昔いやらしいといわれた小説の事件だな、といった感覚だけで違いがわからなくなります）。

■図表43―同じ論点の判例を整理

＜わいせつ文書と「表現の自由」＞
1　チャタレー事件（最大判S32.3.13[47]）
　　①　文書の芸術性とわいせつ性は別次元
　　②　わいせつと認められる部分があれば、わいせつ文書
　　　　　↓
2　悪徳の栄え事件（最大判S44.10.15[48]）
　　芸術性や思想性がわいせつ性を消しうる

---

[44] D・H・ローレンス＝伊藤整訳『チャタレイ夫人の恋人』の訳者などが、わいせつ物頒布罪にとわれた事件。
[45] マルキ・ド・サド＝澁澤龍彥訳『悪徳の栄え』の訳者などが、わいせつ物頒布罪にとわれた事件。
[46] 永井荷風作とされる『四畳半襖の下張』を月刊誌に掲載した出版社の社長と編集長がわいせつ物販売罪にとわれた事件。
[47] 刑集11巻3号997頁。
[48] 刑集23巻10号1239頁。

4……判例を読むときのノート術

> →全体との関連でわいせつ性を判断する
> ↓
> 3　四畳半襖の下張事件（最判S55. 11. 28 [49]）
> 　文書のわいせつ性判断は、総合的に検討しなければならない

　なにがどう違うのかをコンパクトに整理しておくことは重要です。

　『判例百選』は、勉強するにはとてもよい素材です。多くの人はこの本に載っている判例を中心に勉強するからです。
　たくさんある判例についてひとつひとつノートをつくるのは大変だという方は、直接、色をぬったり、書きこみをして、『判例百選』をノート代わりにするという方法もあります。

---

[49] 刑集34巻6号433頁。

| 先人の言葉から感じとろう！

アフォリズム………14
APHORISM

「判決は、ただ漫然と読むのではなく、そこに示された判断とその過程をさまざまな角度から、また時に批判的に検討し、自分ならどう判断をするのか考えてみることなども必要である。このような主体的なかたちで判決に接することによってはじめて、法的な思考や問題解決の能力が身に付くことにもつながってくるといえるだろう。」

……川崎政司『法律学の基礎技法』
（法学書院・2011）265頁

　判例は過去の記録です。裁判所で決着した事件のあとが、文字でつづられています。法律の学習では判例の読みこみが欠かせません。生の事件に対する法律家の取組みの足あとが刻まれており、ダイナミズムにあふれています。判例を正確に読みとる力を身につけることは大事です。しかしそのためには、あらゆる角度から疑問をぶつけながら読む姿勢が必要になります。

5 学説を整理するときのノート術

　法律の体系書などを読むと、学説が次から次へとでてくる論点も少なくありません。わたしたちの国では「学問の自由」が憲法で保障されています[50]。論点のあるところには、学者の先生の見解を中心に、さまざまな考え方があります。

　これをノートできれいに整理すると、学説の分岐点が明確になります。基本的には2つの両極端な見解に分けると、わかりやすいです。2つの異なるベクトル（いわゆる「二項対立[51]」）に整理するのです。

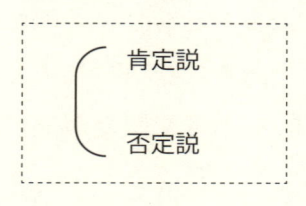

```
   ┌  肯定説
   │
   └  否定説
```

　よくある対立軸は、「肯定説と否定説」というパターンです。論点によっては、「必要説と不要説」という対立の場合もあります。

```
   ┌  必要説
   │
   └  不要説
```

---

[50]「学問の自由は、これを保障する。」（憲法23条）
[51]「二項対立」の考え方や具体例については、木山泰嗣『究極の思考術——あなたの論理思考力がアップする「二項対立」の視点15』（法学書院・2009）で、必要性と許容性、形式論と実質論、原則論と例外論、抽象論と具体論などの視点を紹介しています。

この2つを挙げたら、次にその説のうち、どちらが判例[52]・通説[53]なのかを調べてかっこ書きで記載します。

```
┌ 肯定説（判例・通説）
│
└ 否定説
```

「古い判例」になると、当時の判例と「現在の通説」が一致しない場合もあります。「通説」というほど定着した説ではなく「多数説」という場合もありますし、少数だけど「有力説」という場合もあります。まだ判例がない場合もあります。そうした説の位置づけを、かっこのなかに書いておきます。

```
┌ 肯定説（古い判例）          ┌ 肯定説（判例・多数説）
│                          │
└ 否定説（現在の通説）        └ 否定説

┌ 肯定説（判例）              ┌ 肯定説（通説）
│                          │
└ 否定説（有力説）            └ 否定説
```

---

52 「判例」というのは、裁判所が判断した、他の事件でも基準になる規範のことです。定義はいろいろあり、厳密にいうと、結論を導くために判示された判決の規範的理由をいい、しかも最高裁判決にかぎられます。もっとも広い意味では、「裁判例」という程度の意味で使われることも多いので、最初は過去の判決というとらえ方で十分です。

53 「通説」というのは、裁判実務や学説上、正しい説としてほぼ確定している見解のことです。とくに「判例」であり「通説」である場合（「判例・通説」）には、それ以外の説をとるには、相当程度の論証が必要になりますし、「判例・通説」の紹介をして批判をする必要がでてきます。

次に、それぞれの説の理由を書きます。**主な理由をひとつずつ挙げるのが、シンプルでよい**です。

```
肯定説（判例・通説）
(∵                              )

否定説
(∵                              )
```

上の図の「**なぜならば記号**」（∵）は数学で使う記号ですが、理由（なぜなら～）を省略した記号として使う法律家は多いです。

さまざまな側面から理由が論じられており、**理由がひとつだけでは心もとない場合でも、主要なもの２つか３つくらいにしぼって書くとよい**です。

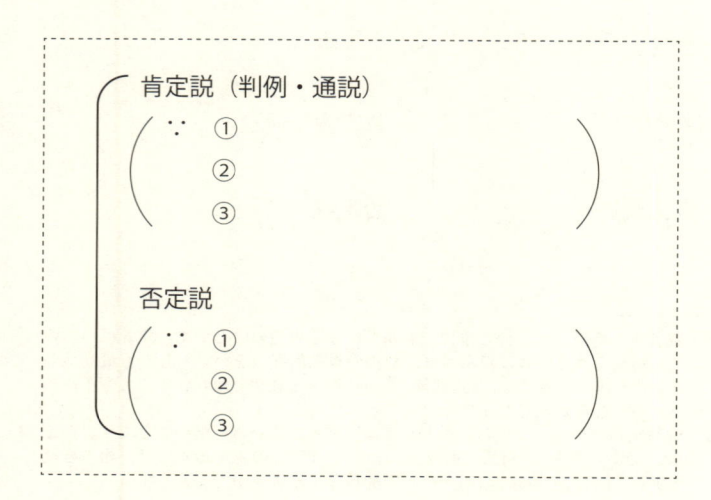

```
肯定説（判例・通説）
( ∵  ①
     ②
     ③                          )

否定説
( ∵  ①
     ②
     ③                          )
```

理由はいろいろ書かれていても、ひとつの視点で整理するとすっきりする場合があります。たとえば、「形式的な理由」（形式論）と「実質的な理由」（実質論）などです。

```
┌ 肯定説（判例・通説）
│  (∵  ① 形式的な理由        )
│      ② 実質的な理由
│
│ 否定説
│  (∵  ① 形式的な理由        )
└      ② 実質的な理由
```

　学説には完ぺきなものは少なく、たいていは他説から指摘される弱点や、説明がしにくい場面などがあります。その説の理由だけでなく、どのような批判があるのかも整理しておくと、その説のメリットだけでなく、デメリットもわかり理解が深まります。

```
┌ 肯定説（判例・通説）
│  (∵                        )
│  ←批：
│
│ 否定説
│  (∵                        )
└  ←批：
```

ここまでは単純な図式でとらえた書き方を挙げました。しかし多くの場合は両極端な考え方のあいだをとった中間の考え方（折衷説・中間説）があります。肯定説（A）・否定説（B）・折衷説（C）。この3つが学説を整理するときの視点になります。
「A説」と「B説」と中間の「C説」です（⇨図表44）。

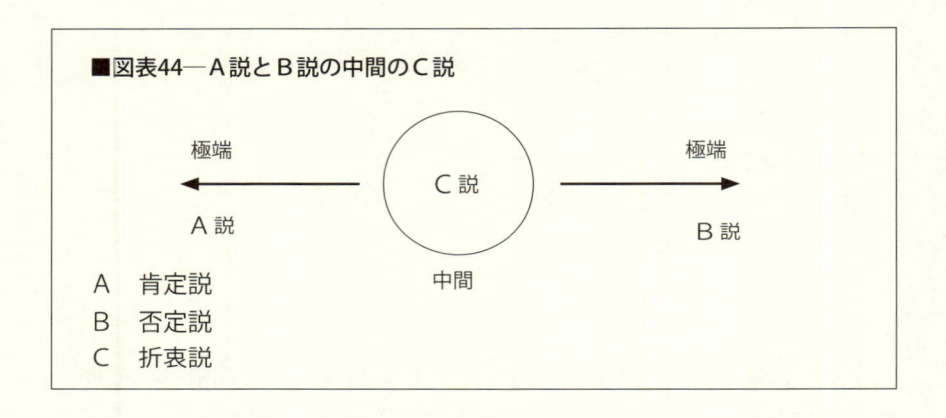

```
■図表44―A説とB説の中間のC説

      極端              極端
    ←―――   C説   ―――→
     A説            B説
              中間
  A  肯定説
  B  否定説
  C  折衷説
```

折衷説は、肯定説と否定説の中間になるので、部分的（限定的）に肯定をする見解であることが多いです。
　もっとも肯定説と否定説のどちらを原則とするかで、微妙にニュアンスが異なる折衷説がでてくることがあります。原則は肯定で、例外的に否定する折衷説（C1）、原則は否定で、例外的に肯定する折衷説（C2）といったぐあいです。

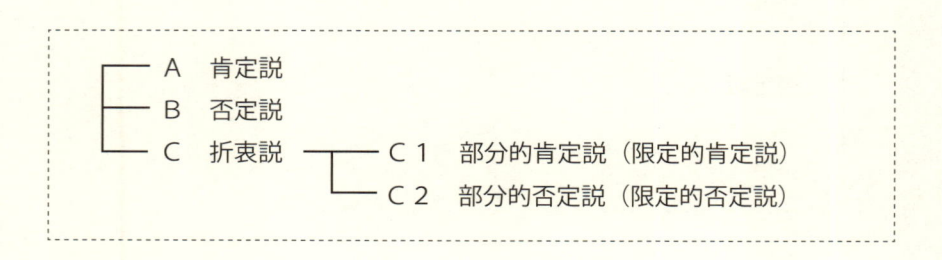

```
  ┌― A  肯定説
  ├― B  否定説
  └― C  折衷説 ┌― C1  部分的肯定説（限定的肯定説）
              └― C2  部分的否定説（限定的否定説）
```

■図表45──A説とB説の中間のC説

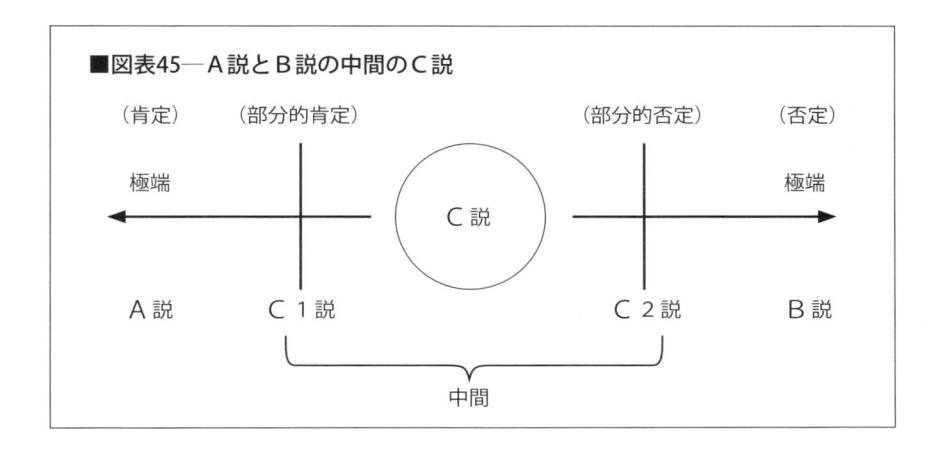

```
        （肯定）  （部分的肯定）        （部分的否定）  （否定）
                                ╭─────╮
         極端                   │ C 説 │                   極端
        ←──────┼──────┤     ├──────┼──────→
                                ╰─────╯
         A 説   C1説                    C2説   B 説
                      └────────中間────────┘
```

　学説の争いも大きな目でみると、「肯定説も否定説もそれぞれ極端なので、まんなかをとりましょう」という日本的な折衷説に落ち着くものが多いです。複雑そうにみえる学説もこうした大きな視点で分類してみると、本質がみえ、理解がしやすくなります。

　もっとも、法律学は、さまざまな法解釈をあつかうため、この単純なモデルだけですべての学説を整理できることにはなりません。バリエーションとしては、ほかに次のようなモデルがあります。

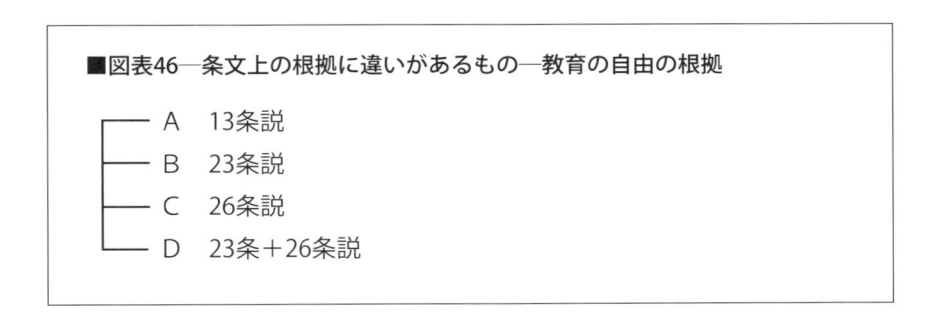

■図表46──条文上の根拠に違いがあるもの──教育の自由の根拠

- A　13条説
- B　23条説
- C　26条説
- D　23条＋26条説

条文の適用の仕方の違いで学説が分かれている場合もあります。

```
■図表47─条文の適用の仕方に違いがあるもの
    ┌─ A  直接適用説
    ├─ B  類推(るいすい)適用説
    └─ C  重畳(ちょうじょう)適用説
```

「**直接適用**」というのは、文字どおりその条文をそのまま直接適用することです。「この橋を馬車が通行することを禁ずる」という決まりがあった場合、馬車にはこの条文が直接適用されます。

しかし人力車の場合はどうか、自転車や自動車はどうか。これも大きな乗り物の通行を禁止するという趣旨は同じだから同じく適用して通行を禁止しようというのが「**類推適用**」です。似たような状態のものにも条文を適用する解釈方法です。

「**重畳適用**」というのはあまりやりませんが、2つの条文を重ね合わせると意味をもつ場合に、両方を同時に適用する解釈方法です。

ほかにも、アプローチの仕方が違うもの、理由(根拠)が違うものなど学説の分岐点はさまざまです。これまで挙げたような単純な整理がしにくい(わかりにくい)ものもあります。

論点や学説の違いがわかりにくいもの、複数の論点がワンセットであり、それぞれの学説がどのように流れていくか(結びついていくか)という論理的な結びつきやすさを整理したほうがよいもの、アプローチの仕方を整理したほうがよいものなどもあります。

以下、ノートの例を挙げておきます。

■図表48―性質の説明で対立がある学説を図表で整理

＜予算の法的性質についての学説と論点の結びつき＞

予算の法的性質	国家機関に対する拘束力		予算と法律の不一致
	歳入	歳出	
予算行政説	区別せず		生じる
予算法規範説	拘束しない	拘束する	生じる
予算法律説	拘束する	拘束する	生じない

　ほかにも、民法の担保物権の分野などでは、抵当権者や連帯保証人などにどのように分配するかという問題をめぐり学説が対立しているものもあります。ここでは計算の問題（算数）が登場することがあります。これも図や計算式の具体例を書いて整理するとはっきりします(⇨口絵3)。

|先人の言葉から感じとろう！|

アフォリズム………15
APHORISM

「論点の勉強をする場合、どのような学説があるかをまず理解して、それらの学説が、どのような論理に基づいて主張されているのか、また、どのような関係・位置づけにあるのかを整理し、また、それらの学説につき、通説・多数説、そして、有力説・少数説ということを考えることが重要である。」

……金井高志『民法でみる法律学習法』
（日本評論社・2011）42頁

　天動説か、地動説か。ガリレオ裁判の争点は明確です。相対立する考えのぶつかりあいは、激しく火花が散り、学ぶ側にもわかりやすいです。法学に登場するさまざまな論点も、わかりやすい「二項対立」でみていくことができるのだと思います。しかし法学者がさまざまな体系を構築し、理由の違いであっても深い議論をするので、たくさん説があるようにみえてしまうのです。

第4章

勉強グッズとしての ノート術

1 定義カード

　英語の勉強をしたときに「**単語カード**」をつくったことはありますか。おそらく中学生から高校生のころに英語を勉強した人の多くは、1回は「単語カード」をつくったことがあると思います。
　表に英単語のスペルをつづり、裏に日本語で意味（和訳）や、発音記号などを書いたものです。

```
（オモテ）
  book
```

```
（ウ ラ）
  本、予約する
```

　大学受験の英単語などになるとさすがに分量が多いため、「単語カード」をつくるのではなく、単語帳のような本を買って、それで右と左をみくらべて（左側を隠したり、色のシートで隠したりして）暗記をした方も多いと思います。でもそれも広い意味では「単語カード」のようなものだといえるでしょう。
　ところが、**法律の勉強になると、日本語だから…ということなのか、とたんに言葉をおぼえることに対して雑になる人が急増します**。なんとなく体系書やテキストを読んで、なんとなく法律用語をおぼえた気になっているのだと思います。しかしそれで大丈夫でしょうか。

突然ですが、「弁論主義ってなんですか？」といわれて、あなたはすらすら答えることができますか。

Chapter : 4-1

「弁論主義とはなにか？」
（ナニモミナイデ、ソクトウセヨ）

　即答できた人は法律用語をきちんと記憶してきた人です。「**定義カード**」をつくられた人もいると思いますし、そうでなくてもテキストの定義の部分をくり返し読んでおぼえたのだと思います。

　そうでもしないと法律用語を正確におぼえることは、ふつうの人にはできないと思います。なぜなら、英単語以上に、法律用語におぼえるべき情報量が多く入っているからです。なお、これから法律の勉強を始められる人、民事訴訟法の勉強がまだの人は弁論主義の定義を知らなくても当然ですので、気にせず雰囲気だけでも感じとってください。答えは140頁にあります。

Chapter : 4-2

法律用語は、英単語以上に情報量が多い。

　用語の定義を正確にいえる人は、どこかできちんと時間をかけて定義の正確な記憶に挑んでいます。

　学問の専門領域は、「**専門用語**」によって成り立っています。「専門用語」をおぼえなければいけないのは、「専門用語」を使いこなせないと、専門家とはいえないからです。

「専門用語」は同じ日本語でつくられているとしても、それは外国語に近いです。外国語を勉強するときは、外国語の単語をおぼえました。それと同じように法律を勉強するときは、法律用語の「定義」をおぼえなければならないのです。

> Chapter : 4-3
> ## 法律を勉強するなら、法律用語の「定義」をおぼえよう！

そのときに学習効果がはかどるグッズが「定義カード」です。たくさんつくる必要はありません。1つの科目でおぼえるべき基本的な用語はそれほど多くないはずです。

つくり方はいろいろありますが、もっともアナログでわかりやすいのが英語の「単語カード」と同じようにつくる方法です。細長いカードが丸いリングでくるんととじられた、あれです。

オモテに用語を書き、ウラにその意義（意味）を書きます。

```
（オモテ）
  弁論主義

（ウ　ラ）
  訴訟資料の収集と提出を当
  事者の職責とする建前
```

法律用語の「定義」は学者によってさまざまですが、**その法律科目でもっとも多くの学生が使っているオーソドックスな体系書（テキスト）から書き写すのがよい**です。

「事項索引(じこうさくいん)」を使えば、「定義」がどこに書かれているかを簡単に調べることができます。

Chapter : 4-4

定義は「事項索引」を使って調べよう（以下は例です）
　　弁論主義　　　……120頁、211頁、428頁
　　弁論準備手続　……56頁、333頁

　ポイントは、どれか1冊の体系書を決めて、その「定義」を書き写すだけでなく、複数の体系書を見比べて1番わかりやすい「定義」を書くことです。あるいはそれらをミックスして、記憶しやすく整理した自分の言葉で「定義」を書くと、さらに勉強になります。

　とくに民事訴訟法、刑事訴訟法などの応用科目（手続法）では、「定義」をおぼえることが重要です。多くの学生は基本科目（憲法、民法、刑法）に比べると手がまわりにくく、手薄だからです。
　みんなが手薄な科目なので、むずかしい議論に入るまえに、基本的な用語の「定義」をおぼえているかどうかで、実力が判断されるのです。正確な「定義」を書けると加点されます。これは難関といわれる司法試験の論文試験でも同じです。

Chapter : 4-5

応用科目（民訴・刑訴など）は「定義」で差がつく！

　「定義カード」をつくったら、部屋でぶつぶつと読んでおぼえます。

表(オモテ)だけをみて、裏(ウラ)にある「定義」をすらすらいえるかつぶやいてチェックをします。**わたしは、司法試験の勉強をしていたころに、ベッドで民事訴訟法の「定義カード」をパラパラみながら、何度も「定義」を口ずさみおぼえました**（毎回書くのではなく、カードの表をみて裏にある「定義」をいえるか口でぶつぶついってみるのです）。

　正直、民事訴訟法に登場する言葉の「定義」をおぼえる作業は面白いものではなく、苦痛でした。自由心証主義、直接主義、必要的口頭弁論の原則……など。イメージがわきにくいものが多かったからです。いつも出てこない「定義」の要素には赤ペンや色を書きこみ、くり返し記憶に定着させました。苦しい作業ですが、コツもあります。

Chapter : 4-6

法律用語をおぼえるのは苦痛だ…
（コツはないのかなあ？）

　「定義」をおぼえるコツは2つあります。「**反対概念と具体例をイメージすること**」です。弁論主義なら職権主義が「**反対概念**」です。

　「反対概念」で考えると、資料の提出について、裁判所が主導権をもつのが「職権主義」で、当事者が主導権を握るのが「弁論主義」だとわかります。わかりやすい「**具体例**」もイメージするとさらによいです。

Chapter : 4-7

「定義」をおぼえるコツは2つ！
①**反対概念**
②**具体例**
をイメージすること　（⇨次頁の図表49）

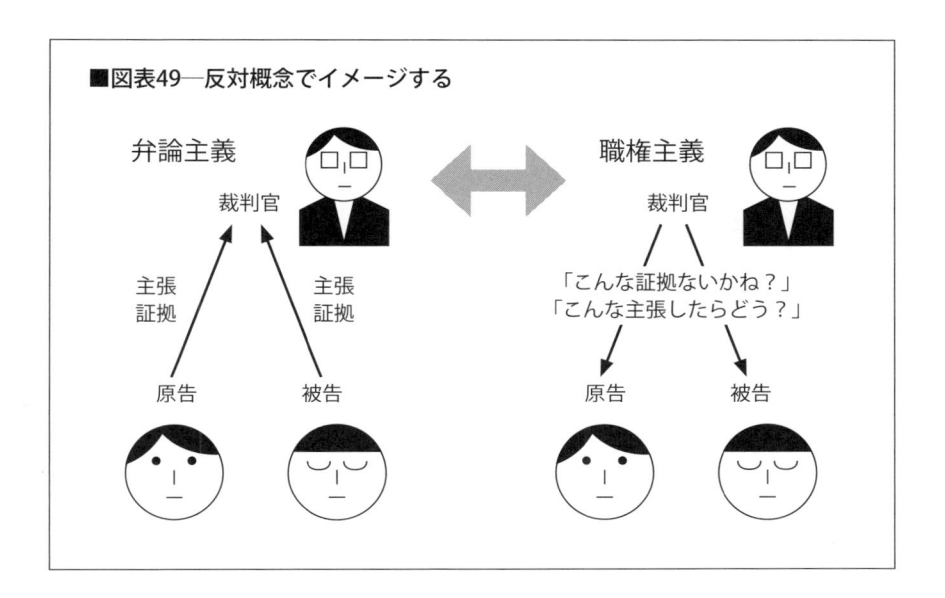

■図表49──反対概念でイメージする

弁論主義　　　　　　　　　　職権主義

裁判官　　　　　　　　　　　　裁判官

主張　　　主張　　　　「こんな証拠ないかね？」
証拠　　　証拠　　　　「こんな主張したらどう？」

原告　　　被告　　　　　　　原告　　　被告

　「定義カード」は、手書きで（ペンで）書くのが１番です。手で書くと記憶に残りやすいからです。じっさいに試験でアウトプットするときには、ペンで「定義」を書かなければならないことからもおすすめです。

Chapter : 4-8

「定義カード」は、手書きがおすすめです。

　もっとも「定義カード」は、１科目せいぜい100くらいです[1]。大学受験やTOEICでおぼえる英単語に比べれば、とても少ない数です。英語の勉強を考えれば、法律の勉強でおぼえるべき「定義」の数そのものは、

1　わたしが旧司法試験の勉強をしていたときにつくった定義カードの枚数（定義の数）は、民事訴訟法が141枚、刑事訴訟法が23枚でした。

1 ……定義カード　143

たいした量ではないと思えるのではないでしょうか。
　基礎からみっちり基本科目（憲法、民法、刑法）でも定義や概念を整理したいという方は、パソコンで重要用語の定義をまとめたノートをつくるのもよいでしょう。

Chapter : 4-9

もちろんパソコンでもＯＫです。

　大事なことは、くり返しみることです。くり返しみることができるのであれば、アナログでも、デジタルでもかまいません。
　あなたにもっともあった、よいやり方を探してみてください。

| 先人の言葉から感じとろう！ |

アフォリズム………16
APHORISM

「法律用語の難解さは、多かれ少なかれどの国にも存在する。なぜならば、法律で用いられる言葉は、テクニカル・タームだからである。つまり、日常用語が使われていても、その語の日常的な意味とまったく同じ意味であるとはいえない場合が少なくない。これは、およそなんらかの技術、さらには科学においては避けがたい、というより必然的ということができよう。」

……星野英一『法学入門』
（有斐閣・2010）82頁

「それ買います。1万円で売ってください」といったAさんにカン違いがあったり、だまされた事情があったとします。Aさんは契約をなかったことにしたいでしょう。これを民法では「錯誤無効」「詐欺取消し」の主張といいます。前者は「意思の欠缺（けんけつ）」であり、後者は「瑕疵（かし）ある意思表示」です。4つとも正確な意味があります。用語を学ぶことをおろそかにしてはいけません。

2 論証カード（規範カード）

「**論証カード**」は、論証ブロックなどと呼ばれ、主として旧司法試験のころに予備校が開発したグッズでした。

発想としては、法律の事例問題などを論文で解答するといっても、全体を俯瞰するといくつかのブロック（パート）に分かれていることに着眼点があったものと思われます。

> Chapter : 4-10
>
> 論文といっても、複数のブロック（パート）からできている。それなら、ブロックごとに分解しておぼえよう、という発想。

「くり返し使える一般論の部分」（＝いつも書く論証）をブロックとして切り取り、ブロックごとにおぼえようというものです。試験ではブロックをつなぎあわせるように、おぼえた論証をきりはりすると、論文式の答案が完成。あら不思議、というテクニックです。

> Chapter : 4-11
>
> おぼえた論証ブロックをつなげば論文が完成する？

次のようなイメージです。

■図表50─論文のなかで「いつも書く論証」がある？

第1　詐欺取消しの主張について
　1　問題提起
　　　ＡはＣに対して詐欺取消しを主張して、土地の返還を請求できるか。ＣはＡＢ間の売買が詐欺であったことを知らなかったため、Ｃが「善意の第三者」といえるか。
　2　論証〔96条3項「第三者」の意義〕
　3　結論
第2　錯誤無効の主張について
　1　ＡはＣに対して、錯誤無効の主張をできるか。
　2　まず、動機に錯誤がある場合でも「錯誤」といえるか。
　　　論証〔動機の錯誤〕
　3　第三者であるＣにも錯誤無効を主張できるのか。
　　　論証〔錯誤無効と第三者〕
　4　結論
第3　詐欺取消しと錯誤無効の関係
　1　Ａは詐欺取消し（96）と錯誤無効（95）のどちらを主張できるか。両者の関係が問題になる。
　2　論証〔96条と95条の関係〕
　3　結論

　上の囲みでくくられた 論証〔○○○〕 の部分が、**「いつも書く論証」**です。「いつも書く論証」というのは、事例が変わっても基本的に書くべき論証が同じものです。芸能人がストックしているお客さんにウケるネタを「**鉄板**（てっぱん）」といいますが、これと似ています。算数や数学でいえば「**公式**」にあたるものです。あらかじめ記憶しておき、答案を書くとき

にさらりと書きます。あとは、その問題に特殊な部分を、現場で考えて答案を完成させます。

こうしたやり方が流行りだしたことに疑問をもった司法試験の試験委員は、論証をおぼえただけでは解けないような問題を出題するようになり、論証ブロックは絶滅したようです。「金太郎アメみたいな答案ばかりだ。予備校の弊害だ。論証ブロックの丸暗記では困る」、こんなおしかりの言葉が司法試験の受験界ではよくきかれました。

悪の象徴のようなレッテルをはられてしまった論証ブロックですが、算数や数学では公式（三角形の面積の計算式など）をおぼえないで問題を解くことができませんよね。これと同じで、法律の論文式試験の答案も「公式」ともいうべき論証や規範をおぼえることはあたりまえだと、わたしは思っています（裁判所の判決文のなかでも「規範」になる最高裁判例があれば、そのままなぞって書かれています）。

いずれにしても、「論証カード」をつくり整理をすることは、法律の勉強をはじめてまもない人や、論文式の試験を控えた人にとってはいまでも強力な武器になります。問題は「つくり方」と「使い方」です。

Chapter : 4-12

「論証カード」はいまでも武器になる？
→なります。「つくり方」と「使い方」次第！

武器になる理由は2つあります。ひとつは**「論証カード」を自分でつくろうとすると、相当にあたまを使い、法律家らしい文章を書くことに迫られるからです。**つまり、**つくる時点で力がつきます。**

「論証カード」は長く書く必要はありません。短くて構いません。なにを書くかというと、その科目で重要な基本論点の論証（論述）です。

箇条書きではなく、文章で書きます。

順序は、〈ⓐ**問題提起**→ⓑ**理由**→ⓒ**結論**〉というのが、シンプルなパターンです（「**理由→結論**」**パターン**⇨図表51）。

■図表51―「論証カード」に書く内容①―「理由→結論」パターン

ⓐ　問題提起／×××は、×××なのか。×××が問題となる。
ⓑ　理由／確かに、×××とも思える。しかし、×××である。
ⓒ　結論／したがって、×××と解すべきである。

論点によっては条文にない規範（要件）を導く必要があるものもあります。その場合には、〈ⓐ**問題提起**→ⓑ**理由**→ⓒ**「規範（要件）」**〉という順で書きます（「**理由→規範**」**パターン**⇨図表52）。

■図表52―「論証カード」に書く内容②―「理由→規範」パターン

ⓐ　問題提起／×××は、×××なのか。×××が問題となる。
ⓑ　理由／確かに、×××とも思える。しかし、×××である。
ⓒ　規範／したがって、①××、②××、③××を満たすときに
　　　　　は×××と解すべきである。

ⓒ規範（要件）のあとには「あてはめ」がきますが、あてはめまで「論証カード」に書く必要はないでしょう。あてはめは、あくまでその事案に登場する事情（事実）を、抽象的な要件（規範）に適用する作業で、問題ごとに異なるからです。

■図表53―「論証カード」に書く内容③

- ⓐ 問題提起／×××は、×××なのか。×××が問題となる。
- ⓑ 理由／確かに、×××とも思える。しかし、×××である。
- ⓒ 規範／したがって、①××、②××、③××を満たすときには××と解すべきである。

■図表54―「論証カード」には書かない内容

あてはめ： これを本件についてみると、……なので①は満たす。また、……なので②も満たす。しかし……なので③は満たさない。

結論： よって、××ではないと考える。

　図表51-53のⓐ→ⓒについて「論証カード」をつくる意味は、どのような問題でも基本的に同じく（等しく）使える抽象的な解釈論だからです。
　「論証カード」のイメージは、口絵4のようなものです。
　口絵4のように論点名を上に書き、あとは〈ⓐ問題提起→ⓑ理由→ⓒ規範〉を順番に文章で記載します。そしてキーワードにはマーカーをぬったり、論じている内容によって色を変えて線を引いたりすると（ⓐ問題提起はグリーン、ⓑ理由はブルー、ⓒ規範はピンクなど）、法律家が書く文章の構造をビジュアルで、感覚的につかむことができます。

Chapter : 4-13

マーカーをぬったり、色で線を引いたりしてみよう。

最初は先輩が書いたものをまねることです（先輩というのは学校の先輩だけでなく、学者の先生や実務家の先生もふくみます）。お手本となるものを書き写して色をぬり分けるのだけでも意味があります。しかし最終的にはやはり自分の言葉で書くのがよいでしょう。

　自分で「論証カード」を書くときには、次の点に気をつけるとよいと思います。

　まず、ⓐ問題提起です。ⓐ問題提起では、最初に、Ⅰ**単純な問い**を疑問文で書くことになります（「Ｘには、正当防衛が成立するか。」「ＸはＹに対して、××の引渡しを請求できるか。」といったものです）。

　次に、Ⅱ**どの条文の、どの文言が問題になるのか**という「条文上の根拠」を指摘します（なにも条文がない場合には、「明文がない」ことを指摘します）。

　Ⅲ**なぜ問題になるのか**（論点が存在する理由）を指摘することも重要です。理由もなく存在する論点はないからです。必ず論点になる理由があります。

　さらに、Ⅳ**論点の名前**（論点名）も挙げられるとよいでしょう。典型論点の多くには論点の名前があります。「外国人の人権享有主体性」（憲法）、「動機の錯誤」（民法）、「原因において自由な行為」（刑法）といったものです。

Chapter : 4-14

問題提起では４つの要素を書いてみよう。
Ⅰ　単純な問いを疑問文で書く（純粋な問題提起）
Ⅱ　どの条文の、どの文言が問題になるのか（条文上の根拠）
Ⅲ　なぜ問題になるのか（論点が存在する理由）
Ⅳ　論点の名前（論点名）

たとえば「動機の錯誤」の論点で考えると、図表55のようになります。（　）内が4つの要素です。

■図表55─問題提起の具体例─民法「動機の錯誤」

　XはYに対して、代金100万円の返還を請求できるか（Ⅰ）。民法95条には「法律行為の要素に錯誤」があれば無効になると定められている。しかし「錯誤」とは内心的効果意思と表示行為との不一致をいうところ、本件においてはこの不一致はなく、あくまで動機に勘違いがあったに過ぎない（Ⅲ）。そこで動機に勘違いがあるに過ぎない場合でも「錯誤」といえるのか（Ⅱ）。動機の錯誤が問題となる（Ⅳ）。

　次に、ⓑ理由です。まず〈ⅰ**反対説（自説とは異なる見解）を挙げたうえで、これを批判して、自説の理由を書く方法**〉があります。
　これに対して〈ⅱ**反対説は書かずに、自説の理由だけを書く方法**〉もあります。ⅱの方がシンプルです（⇨図表56）。

■図表56─理由の書き方は2つある

ⅰ　反対説を挙げて批判　＋　自説の理由を書く
ⅱ　自説の理由だけを書く

　たとえば、図表57や58のように書きます。まずは、〈ⅰ反対説を挙げたうえで、これを批判をして、自説の理由を書く方法〉です。図表57は、判例[2]とは異なる立場（多数説）から論証した例です。

■図表57―①のパターン（判例とは異なる立場から論じたもの）

問題提起　おとり捜査が違法とされた場合、それに基づいて公訴提起を受けた被告人をどのように救済すべきか。

反対説　この点、おとり捜査により得られた証拠は違法収集証拠として排除すべきとする見解もある。

批判　しかし、証拠排除がなされても、他の証拠で有罪となる可能性があり、被告人の救済としては不十分である。

理由　思うに、違法なおとり捜査は、もはや公正な捜査とはいえない。

結論　よって、公訴棄却判決（338④[3]）により起訴無効として被告人を救済すべきである。

　続いて、〈ⅱ反対説は書かずに、自説の理由だけを書く方法〉です。判例や通説と異なる立場に立たない場合には、自説の理由だけで終わりにするので十分な場合が多いです（⇨次頁の図表58①②）。

　自説の理由だけを書く場合は、「**趣旨**」から論じるのが筋です。論証が必要になるのは、法（条文）の解釈をする場合なので、**その条文が、なぜつくられたのかという「立法趣旨」（趣旨）から論じると説得力がでる**からです。

　次頁の図表58①は、民法の「代理権の消滅後に代理権限をこえて代理行為があった場合にも、表見代理が成立するか」という論点を扱ったものです。

2　最高裁昭和28年3月5日判決・刑集7巻3号482頁。
3　「左の場合には、判決で公訴を棄却しなければならない。（略）四　公訴提起の手続がその規定に違反したため無効であるとき。」（下線部分が、刑事訴訟法338条4号）

2……論証カード　153

> ■図表58①—ⅱのパターン（趣旨から論じたもの）
>
> 問題提起　110条と112条を重畳適用することで、表見代理が成立するか。
> 結論　　　この点、肯定すべきと考える（判例に同旨）。
> 理由　　　なぜなら、110条・112条は、代理制度の信用維持と取引安全という共通の**趣旨**に基づくものだからである。

　図表58①の論証は結論をずばり示して、理由をひとことそえるシンプルなパターンです。「代理制度の信用維持と取引安全」という「趣旨」が共通していることを理由に重畳適用を認めるもので、「趣旨」から論証しています。

　自説の理由だけで書く場合には、「**原理原則**」だけで論じられるものもあります。「原理原則」から論じた例も挙げておきましょう。

> ■図表58②—ⅱのパターン（原理原則から論じたもの）
>
> 問題提起　本件建物の所有権は売主Aから買主Bに移転しているか。
> 理由　　　思うに、民法は物権変動について意思**主義**を採用している（176条[4]）。
> 結論　　　よって、所有権は、原則として契約の効力発生時期に移転すると考える（判例）。

4　「物権の設定及び移転は、当事者の意思表示のみによって、その効力を生ずる。」（民法176条）

図表58②の論証例は理由をひとこと書いてから、結論を導いています。理由と結論の順序はどちらでも構いません。短く書くときはさきほどの例のように結論を先に示す方法が便利です。
　「原理原則」からの論証で気をつけるべきことは、**条文の根拠を忘れない**ことです。「意思主義」という「原理原則」を挙げていますが、それだけだと民法の何条からいえることなのかがわかりません。「(176条)」と、かっこ書きで条文の根拠をそえることで、条文解釈をしていることを示すことができます。
　この論証は「原則」で終わっていますが、原則があるということは例外もあるということです（この点については、のちほど別の例でお話します）。

　こうして、ⅱのように自説の理由だけを書く場合、図表58①②の2つの例は、理由がひとつで短い論証でした。理由の多いもう少し厚い論証が必要な場合には、「2つの視点から理由を書く」と説得力がでます。
　2つの視点の典型的な例としては、①「**実質論と形式論**」、②「**原則論と例外論**」、③「**必要性と許容性**」などがあります。
　論証例は、次のとおりです。

■図表59―①「実質論と形式論の視点」を使った例

問題提起	Xに知る権利が保障されているか。憲法には明文がないため問題となる。
理由 実質論	思うに、表現をするためには、その前提として情報を自由に受け取ること（知る権利）を認めることが必要不可欠である。
理由 形式論	また、「表現」には情報を発信する意味での表現のみならず、情報を受領する意味も含まれると考えることができる。

| 結論 | よって、知る権利は「表現の自由」の一内容として21条1項で保障されると考える。 |

■図表60—②「原則論と例外論の視点」を使った例

問題提起	移転登記申請手続は「その権限」（110条）にあたるか。公法上の行為が110条の基本権限になり得るのかが問題となる。
理由 [原則論]	この点、表見代理制度の趣旨は、私法上の取引の安全を図ることにある。 よって、原則として、公法上の行為についての代理権は「その権限」にあたらないと考える。
理由 [例外論]	もっとも、私法上の取引行為の一環としてなされた場合には、例外的に「その権限」にあたると考える（判例の結論に同旨）。 なぜなら、このような場合は、公法上の行為がなされると契約上の債務の履行という私法上の効果を生ずるため取引の安全を図る必要があるからである。

　図表60の論証は、判例の結論と同じなので、「許容性」を書くことなく、「取引の安全を図る必要があるからである」という「必要性」の理由のみで論証をしています。しかし厚みのある論証が必要な場合に「必要性」だけで終えると弱いです。そのような解釈をする必要があり（必要性）、そうした解釈をとることが許容されている（許容性）という二面的な論証ができると説得力が増します。これが、③「必要性と許容性の視点」です。

■図表61―③ 「必要性と許容性の視点」を使った例

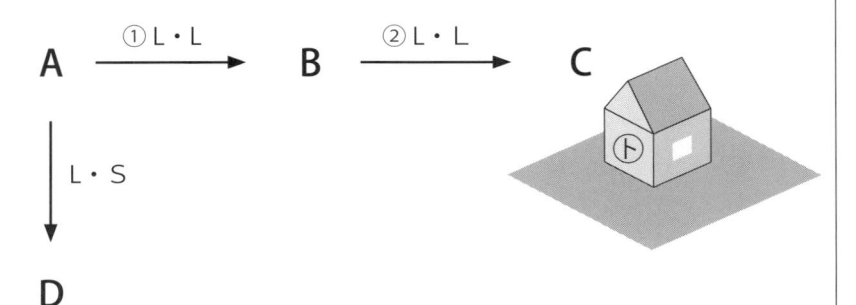

A ─①L・L→ B ─②L・L→ C

↓ L・S

D

問題提起	転貸人Bは新所有者Dに対して借地権を対抗できるか。Bの転借人Cは借地上の建物にC名義の登記を具備している。そこで、転借人名義の登記をもって原借地権の対抗要件とできるかが問題となる。
理由 [必要性]	思うに、これを否定すると、借地人が目的物全部を転貸した場合に、借地権の対抗力を具備する手段がなくなってしまう。
理由 [許容性]	また、転借人が登記ある建物を有していれば借地権の存在を推知させることができ、公示の機能を果たすこともできる。
結論	よって、転借人名義の建物があれば（借地借家法10条1項）、原借地権の対抗力になると考える。

　図表61の論証の「必要性」の部分では、「これを否定すると……手段がなくなってしまう」とあります。そこで筆を止めていますが、手段がなくなってしまうということは、それでは困ってしまうので、手段を認める「必要性」があるということです。「否定すると困るので肯定すべ

きだ」という肯定する「必要性」を指摘しているのです。

しかし、必要があるからという理由だけで対抗力になるとすれば、これを主張される新所有者Dに対する配慮に欠けるおそれがあります。そこで「許容性」の議論があるのです。

「許容性」という言葉が最初はピンとこないかもしれません。どんぴしゃじゃないけど、ぎりぎりでもストライクゾーンにおさまっているか（俗な言葉でいう「ありか、なしか」といえば「まあ、あり」といえるかどうか）、これが「許容性」です。

Chapter : 4-15

必要性と許容性のイメージ
　〈必要性〉
　　「クリスマスまでになんとしてでも、彼が欲しいの」
　　→あり
　〈許容性〉
　　「Aさん？むり」　　　　→なし
　　「Bくん？うーん」　　　→なし
　　「C先輩？……ありかも」　→あり

最後に、ⓒ「規範」です。「規範」はとても重要です。とくに新司法試験では「規範」を正確に書く力が試されています。

「規範」は、その法律の条文を適用するための要件です。条文に明確に書いてある場合には、そもそも論点になりません。多くは条文からは不明確な場合で、解釈をして要件（規範）を打ち立てます。**典型論点の「規範」は自分で考えるというよりも、最高裁判決（判例）で示されたものを正確に記憶することが必要です。**

判決文では①、②、③といった番号はふられていないことが多いですが、要件ごとに番号をふって書きこむとよいでしょう。これらは体系書の判例解説などでも分析されていることが多いですので、それを見本にするとよいと思います。

Chapter : 4-16

規範は、要件ごとに①、②、③……と自分で番号をつけよう！

　要件ごとに番号をふって「規範」を立てると、論文式の試験などでは問題文の事情を拾ってあてはめをするときに役立ちます。「①は〜なので満たす、②は〜なので満たさない」というようにあてはめがしやすくなるからです（⇨「規範」の書き方については、109-115頁）。

　「規範」は科目ごとに特徴があるものがあります。たとえば憲法の違憲審査基準（合憲性判定基準）では、①目的と②手段の２つを検討するものが多いです（⇨図表62）。

■図表62─規範の要素①─目的と手段（憲法）

　「①目的が正当で、②目的達成のための手段が必要最小限であるか否かを判断すべきと考える。」（営利的表現の自由）

　刑事訴訟法では、①必要性、②相当性（方法として許容されるような相当性があるかという意味で許容性ともいえます）を検討するものが多いです。

図表63は、いずれも①の部分が必要性、②、③の部分が相当性の議論になっています。

■図表63──規範の要素Ⅱ──必要性と相当性（刑事訴訟法）

　「①所持品検査の必要性・緊急性、②これによって害される個人の法益と保護されるべき公共の利益との権衡等を考慮し、③具体的状況の下で相当と認められる場合には、無承諾であっても許されると考える（判例に同旨）。」（職務質問に伴う所持品検査の適法性・限界）

　「おとり捜査は、①被害法益の重大性、犯人検挙及び証拠の収集等の困難性等おとり捜査の必要性があること、②適性手続の要請から手段が相当であることが必要である。」（おとり捜査の適法性・限界）

　この要件は目的だな、手段だな、必要性だな、相当（許容）性だなと意識できると、整理して書きやすくなります。
　「論証カード」は、「規範」を導くための理由や問題提起も書きますが、「規範カード」では、「規範」のみを書きます。どちらをつくるかは、自分が受ける試験や利用方法との関係で決めればいいでしょう。

先人の言葉から感じとろう！

アフォリズム………17
APHORISM

「その解釈の方法、それは法律学の勉強の重要な部分を占めるものです。しかし、それは……今までの話でおわかりのことと存じますが……要するに、一般的確実性を崩さないで、しかも具体的な場合にあたって、できるだけ人情に適した結論を導きうるような解釈をすることだ、といっても決して過言ではありません。

そして、その場合にもっとも重要なことは、法律の規定の……存在理由といいますか、立法理由といいますか、そこにさかのぼってその規定を吟味することであります。」

……我妻榮『法律における理窟と人情』
（日本評論社・1955）29-30頁

民法の解釈のあり方は、ひとことでいうと「一般的確実性と具体的妥当性の調和」であるといわれています。民法も法律なので万人に等しく適用される一般性をたもつ必要があります。他方でその事件に固有の妥当な解決を図ることも求められます。これをほどよく調和させるのが「法解釈」であり、法律家の役割です。このときにとりくむべき対象が「立法趣旨」なのだと思います。

3　原理原則ノート

　法律の勉強をはじめると、ひとつの法律（科目）だけでも、膨大な数の「**論点**」があることに気づきます。
　体系書やテキストを読んでも、授業や講義を聴いていても、次から次へと論点なるものがでてきます。

Chapter : 4-17

法律科目の勉強は、論点だらけ？

　こんなにたくさん論点があるのか（……ショボン）、とだんだんやる気がなくなってくるかもしれません。あるいは、こんなにたくさんおぼえられないよ……とドロップアウトしたくなるかもしれません。
　これは法律を勉強した人であれば、だれでも最初にぶつかる高い壁です。あまりの多さについていけなくなってしまう、こうして法律の勉強から離れてしまった人も少なくはありません。

Chapter : 4-18

法律の勉強って、論点多すぎ！（もう、やーめた）
　　　　→ほんとうにやめていいの？

まずはがむしゃらにでも、ついていくしかありません。もしあなたが法律を「仕事のタネ」にしたいと思っているのであれば（あるいは、教養科目でも専門科目でも資格試験でも、法律の試験を受けなければならないのであれば）……です。

たくさんの論点のシャワーを浴びることで、法律の考え方やパターンに慣れる方法があります。法律に触れる時間を圧倒的に増やすことで、自然と法律になじんでいくアプローチです。

Chapter : 4-19

論点の1000本ノックだっ！
習うより、慣れろ！

こうした「1000本ノック」のような物量作戦も、ひとつの勉強のやり方です。英語などの外国語の勉強と同じで、法律の勉強も何度も読むことで慣れていくものだからです。

他方で、**「法律の本質」から深く論点を知る方法**もあります。それが「**原理原則**」から入るアプローチです。

Chapter : 4-20

原理原則から入るアプローチ？？……って、
なにそれ？

法律科目に登場する論点。これはその法律の条文の規定を読んでも、はっきりしない（明確でない）ために生じる問題です。条文を読んでは

っきりとわかる（だれが読んでも同じように読める）のであれば、その条文の読み方をめぐって「**解釈の争い**」が起きることはないからです。

しかし、じっさいには、言葉は多義的(たぎてき)です。同じ文言でもさまざまな読み方（解釈の仕方）ができます。こうして論点が誕生するのです。

> *Chapter : 4-21*
> **いろいろな読み方ができる条文があると、**
> **必ずそこに論点が生まれる**

たとえば、憲法では「外国人の人権享有主体性(きょうゆうしゅたいせい)」であるとか、「法人の人権享有主体性」といった論点があります。わかりやすくいうと、前者は「外国人にも人権は保障されるのか？」、後者は「会社などの法人にも人権は保障されるのか？」という論点です。

これを聞いて、「そんなのあたりまえじゃないか！」と断定するのは、残念ながら法律家の思考ではありません。それは「べき論」であり、あなた個人の価値判断でしかありません。

法律家の思考は、まず条文を読み、その条文からどのように読むことができるか、という発想から入ります。

> *Chapter : 4-22*
> **法律家の思考→条文から入る！**
> **（どのように読めるかな……？）**

日本国憲法では、「国民は」とか「何人も」といった条文になっています。「国民は」ということは、外国人は入らないようにも読めますし、「何人も」であれば、外国人も人なので入るように思います。

では、「法人は？」というとよくわからない、となるはずです。これが論点（解釈論）の出発です。

こうした論点を解決するにあたり、大きな鍵になるのがその条文の「**立法趣旨**」（趣旨）です。なぜその条文ができたのか、立法の制定過程（法律であれば国会での議論）などをひもとくことになります。

同時に忘れてはならないのは、法律は背後に必ず「**原理原則**」があることです。「原理原則」は、法律の条文には書かれていません。体系書やテキストには書かれています。**法律を勉強する人は、条文の読み方を学ぶと同時に、条文には直接書かれていないけれど「（条文の）背後にある原理原則」を学ぶ**のです。

Chapter : 4-23

法律の勉強ってなに？
＝「（条文の）背後にある原理原則」を学ぶこと。

原理原則というのは、法律の条文を支える根本的な大原則や理念のことです。たとえば、日本国憲法には三大原則のひとつとして「人権尊重主義」（基本的人権の尊重[5]）があります。三大原則ではありませんが、「国際協調主義」という原則[6]も採っています。

この2つの原理原則から考えると、どうでしょう？ 外国人であっても「人」です。現代の国際化も考えると、外国人だからという理由で、人

---

[5] 「国民は、すべての基本的人権の享有を妨げられない。この憲法が国民に保障する基本的人権は、侵すことのできない永久の権利として、現在及び将来の国民に与へられる。」（憲法11条）、「この憲法が日本国民に保障する基本的人権は、人類の多年にわたる自由獲得の努力の成果であって、これらの権利は、過去幾多の試錬に堪へ、現在及び将来の国民に対し、侵すことのできない永久の権利として信託されたものである。」（憲法97条）
[6] 「日本国が締結した条約及び確立された国際法規は、これを誠実に遵守することを必要とする。」（憲法98条2項）

権を排除するのは、人権尊重主義や国際協調主義に反することになりそうです。しかし他方で、日本国憲法の三大原則には「国民主権」という「原理原則」があります。国民主権から考えると、国会議員や内閣総理大臣に外国人がなってよいのか（外国人に国政での「立候補の自由」を認めると、国民主権という原理原則に反しないか）という問題がでてきます。

Chapter : 4-24

**人権尊重主義＋国際協調主義　vs　国民主権
→憲法のなかでも原理原則のぶつかりあいがある。**

このように論点は、条文の文言の解釈というカタチをとりながらも、じつは**「背後にある原理原則」のぶつかりあい**であることが多いです。あるいは、ひとつの「原理原則」に対する考え方のぶつかりあいになる場合もあります。たとえば、どこまでその「原理原則」を貫くのか、例外を認めてもよいかなどに対する考えの違いです。

そこで……もうおわかりだと思いますが、**論点を深く学ぶためには、その法律科目の「背後にある原理原則」をマスターすることが近道です。**その法律科目の基本をマスターしたい人には、まず、「**原理原則ノート**」や「**原理原則カード**」をつくることをおすすめします。手書きのノートでもワープロでもどちらでもかまいません。

Chapter : 4-25

**原理原則ノート
原理原則カード　をつくろう！**

どうやってつくればよいか？最初は法学入門などのテキストの巻末にある「**事項索引**」（⇨141頁）をみて、「〇〇主義」「〇〇の法則」「〇〇の原則」といった言葉を探してピックアップしていけばよいです。

たとえば、法学の入門書として著名な、伊藤正己＝加藤一郎編『現代法学入門〔第4版〕』（有斐閣双書・2005）をみると、「遺言自由の原則」「過失責任の原則」「契約自由の原則」「公信の原則」といった「原理原則」がでてきます。ここに挙げたものは、いずれも民法の論点ですが、どの科目でも「原理原則」が必ずあります。「原理原則」がわかると、論点の理解が深まります。これが、「法律の本質」から深く論点を知る方法なのです。

「原理原則」は、どの法律科目でも重要です。しかしそれほど多くはありません。これをカードやノートにまとめてマスターしない手はありません。「原理原則」を正確におぼえれば、はじめてみる論点でも「原理原則」から考えるという思考ができるようになります。

Chapter : 4-26

**未知の問題（知らない問題）に出会ったら…
「原理原則」から考えれば大丈夫！（これなら安心）**

論点をマスターするための大前提。それはじつは「原理原則」なのです。条文を読んで「原理原則」から考える。これが法律家の思考方法です。

先人の言葉から感じとろう！

アフォリズム………18

APHORISM

「民法典には書かれていないけれども、条文と同じ価値をもっているような法命題・準則が、かなりあり、とくに日本民法はほかの国の民法に比べても多く、重要な法命題だからです。それらは、フランス民法や旧民法とは違った考え方をとったからなくなったのではなく、当然のことだから規定しなかったというのですから、条文と同じように学ばねば、民法を学んだとはいえないのです。」

……星野英一『民法のもう一つの学び方〔補訂版〕』
（有斐閣・2006）93頁

　民法にはさまざまな原理原則や法格言（ほうかくげん）があります。「契約自由の原則」「過失責任の原則」「一物一権主義（いちぶついっけん）」「売買は賃貸借を破る」などです。民法の体系書を読むと必ず登場する概念ですが、不思議なことに、民法のどの条文をみてもどこにも書かれていません。立法経緯をみると、あたりまえだから書かれなかったことがわかります。そのあたりまえを勉強するのです。

4　全体像ノート

　法律には、法律ごとにそれぞれ「**目的**」があります。そしてその目的を達成するためにひとつの「**体系**」がつくられています。これが「**法律の全体像**」です。

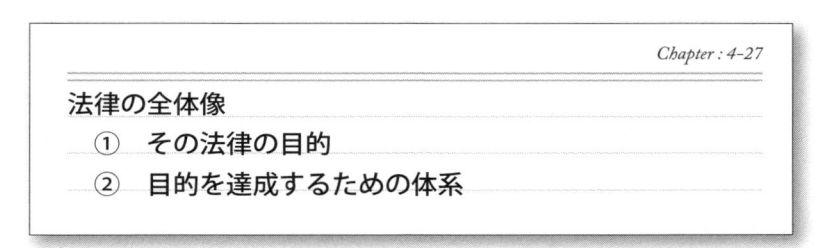

Chapter : 4-27

法律の全体像
　① その法律の目的
　② 目的を達成するための体系

　こうした「**法律の全体像**」は、体系書やテキストをひらくと、だいたい最初のほうのページに書かれています。しかし残念なことに、抽象度が高いのでパスしてしまう人が多いようです（ほんとうは深く理解できていないのにわかったつもりで、さっと通過してしまう人も多いです）。**でも、実はここがとても重要なポイントなの**です。

　論点は「原理原則」をマスターすることで深い理解ができるといいました。個々の「原理原則」のさらに上にあるのが、その**法律の「目的」**です。そしてその「目的」を達成するためにつくられた「**体系**」があります。

```
法律の「目的」
　　↓
法律の「体系」（手段）←さまざまな「原理原則」が背後にある
```

「法律の全体像」を知ることで、そのなかの**どこに個々の「原理原則」が登場するのか**をおさえることができます。

たとえば、刑法の「目的」は「法秩序の維持」だといわれています。じっさいには、その機能として挙げられている①法益保護と②自由保障（人権保障）という２つを、「目的」を達成するためのベクトルと考えるとわかりやすいです。

たとえば…刑法の「目的」は？
→法秩序の維持。具体的には、次の２つのベクトルの達成。
① 法益保護
② 自由保障（人権保障）

---

①法益保護というのは、それを犯罪にすることで守ろうとする利益（保護法益）を保護することです。殺人罪であれば人の命が「**保護法益**」ですし、窃盗罪であれば人の財産が「保護法益」です。

法秩序（社会秩序）を維持するためには、こうした悪いことの類型を犯罪として法律で定めることで、守られるべき法益の保護を図る必要があります。

---
① 法益保護　　例）殺人罪では人の命を守っている

これに対して、②自由保障というのは、刑法などの法律の条文に書かれていないこと（明文で禁止されていないこと）は犯罪ではない（処罰されない）とすることで、逆に国民の自由を保障するという意味です。

人権保障とも呼ばれるのは、逮捕された被疑者（容疑者）や、起訴された被告人を意識した見方からです。

② 自由保障　例)「人を殺した者」と条文（刑法199条・殺人罪）
　（人権保障）に書いてあるのに、たまたま公園の池でおぼれていた知人をみつけて「死んでしまえばいいんだ」と思って助けないで通り過ぎ、その知人がおぼれ死んだ場合に、「なにもしなかったこと」について、果たして殺人罪を成立させていいのか？

　こうした相反する2つの目的の調和を図っているのが、刑法に登場する論点です。この2つのベクトルの対立は、「罪刑法定主義」という「原理原則」があるからこそ登場するものです。
　「罪刑法定主義」というのは、犯罪と刑罰はあらかじめ国民（代表者である国会）が定めた法律で定めなければならないという「原理原則」です。

Chapter : 4-28

罪刑法定主義←刑法の原理原則だ。

　刑法の論点の多くは、ひどい目にあった人がいる（悪いことをした人がいる）のであれば犯罪として処罰したいというベクトル（①法益保護）と、（罪刑法定主義の観点から）刑法などの法律に明確に定められていない行為を犯罪として処罰してはならないというベクトル（②自由保障・人権保障）のせめぎあいです。

　論文試験などの事例問題も、じつはこうした2つのベクトルの対立をきいています。**どの原理原則との関係で、どのような利益がぶつかりあっているのかが、具体的事例を通じて問われている**のです。

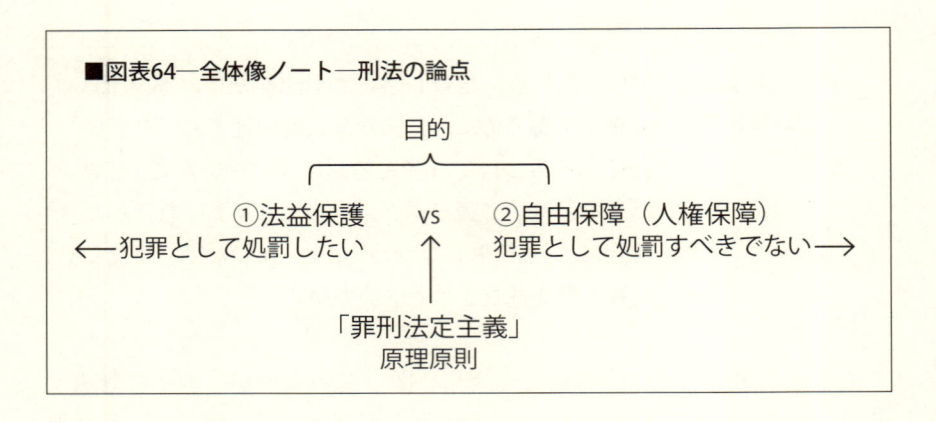

■図表64―全体像ノート―刑法の論点

```
              目的
        ┌──────┴──────┐
   ①法益保護    vs    ②自由保障（人権保障）
 ←犯罪として処罰したい    ↑    犯罪として処罰すべきでない→
              「罪刑法定主義」
                原理原則
```

　法律の「目的」、そして個々の「原理原則」は、このようにして、論点に深く関係しているのです。

　法律の「目的」を達成するための手段として、法律の「体系」があるといいました。これも基本事項としてノートに整理しておくとよいです（「**全体像ノート**」）。

　刑法でいえば（学説によってアプローチが違う場合もありますが）、基本的には、①構成要件(こうせいようけん)に該当し、②違法性阻却事由(そきゃくじゆう)がなく、③責任阻却事由(そきゃく)がなければ犯罪が成立すると考えられています（⇨100頁）。

■図表65―全体像ノート―刑法の体系１（犯罪の成立要件）

① 構成要件該当性（が**ある**こと）　　＝構成要件
② 違法性を阻却する事由（が**ない**こと）＝違法性
③ 責任を阻却する事由（が**ない**こと）　＝責任

　このうち、①の構成要件該当性については、個々の犯罪についての構成要件そのものは「刑法各論」という学問体系のなかで登場する刑法等

の条文に定められています。

> ■図表66―全体像ノート―刑法の体系２（条文の性質からの分類）
> 　① 　刑法総論（構成要件（一般）、違法性、責任）
> 　② 　刑法各論（個々の犯罪の構成要件）

　また、①構成要件に該当するために満たすべき要素（要件）をみると、さらにⅠ実行行為、Ⅱ結果の発生、Ⅲ実行行為と結果との間の因果関係、Ⅳ故意の４つが必要だと考えられています。この構成要件該当性の要素一般論を扱っているのは「刑法総論」という学問分野です。

> ■図表67―全体像ノート―構成要件該当性の要素
> 　Ⅰ実行行為
> 　Ⅱ結果の発生
> 　Ⅲ実行行為と結果との間の因果関係
> 　Ⅳ故意
> →これを学ぶのは「刑法総論」

　刑法を例にしましたが、これがざっくりとした体系です。
　こうして法の「目的」や「体系」を、学習する科目ごとに整理してノートに書いてみましょう。情報量として各科目ともにそれほど多くないはずです。しかし、非常に本質的で重要なことです。

> Chapter : 4-29
>
> **法の全体像（目的と体系）は非常に本質的で重要。**

　ノートに書いて整理をしたら、それを何度も何度もみることです。事例問題を解いたり、ケース・スタディをしたり、論点を学習するたびに、その科目のどの体系で登場する問題（論点）なのかを確認しましょう。

> Chapter : 4-30
>
> **法律の科目ごとに全体像をノートに整理して、それを何度も何度もみよう。**

　「法律の全体像」を具体的に理解できるようになれば心強いです。「法律の全体像」（目的・体系）と個々の「原理原則」をベースにしながら、あらゆる問題を自分のあたまで考えることができるようになるからです。

先人の言葉から感じとろう！

アフォリズム………19

APHORISM

「民法を学ぶ際には、まず形式的な意義における民法（＝民法典）全体の構造を認識した上で、個々の条文や制度を学んでいき、さらにその過程で関連する特別法とその内容や目的をおおまかに把握しておくことが必要である。今学んでいる条文ないし制度、さらには当該特別法が、民法全体のどの部分に関わるものなのかを常に頭の片隅に置いておくことも必要だろう。」

…………吉田和夫『民法入門』
（学陽書房・2006）4-5頁

　本を読むときに、まず目次をみる方法があります。法律を学ぶときには全体像をとらえることが重要です。章ごとに編成されている見出しをみて、いまはどのパートなのかを考える目次思考も大切ですし、その法律の大きな体系のなかの位置づけを意識することも大事です。法律にはさまざまな迷路があります。学説の迷路、試験勉強の迷路、条文の迷路です。地図が必要なのです。

5 答案構成ノート

　法律科目を勉強した成果は、多くの場合は、事例問題（ケース・スタディ）で問われ、それに対する論述の仕方で評価されます。法律系の資格試験などでは、択一式（マークシート方式）で基礎的な知識を問う試験もあります。
　しかし法律の学習が進んでいるかどうかをみるには、事例問題を出し、その解決策を論文式で記述させるのが1番です。

Chapter : 4-31

法律の学習が進んでいるかをチェックする方法
→事例問題を論文式で解答させるのが1番

　司法試験でも、法学部や法科大学院などの期末試験でも、論文式で出題がされます。事例問題を論文式で解答させるのが1番よいとされる理由は、答案に法律の力があるかどうかがはっきりとあらわれるからです。

Chapter : 4-32

論文式で答案を書くと、
法律の力がそこにあらわれる？

　法律の力は、事案を解決するために、該当する法律の条文を探し、その条文の適用の可否を検討し、妥当な結論を導く技術です。ひとことで

いえば「**文章による説得力**」です。

　問題文に書かれた事例を読んで、どの条文が問題になるかがわからなければ、法律論を展開することはできません。条文を探すことができても、その条文を適用するための要件（規範）を正確に示すことができなければ、法律の適用（あてはめ）をきちんと行うことができません。

　規範は、典型論点については最高裁判決などの判例で判示されています。これを知っていることが前提です（これは数学でいえば「三角形の面積の公式」にあたる部分です。公式をおぼえて初めて計算ができるのと同じです）。そして、正確にアウトプットした規範の要件ひとつひとつについて、問題文に記載されている事情をピックアップし、あてはめる力が必要になります。

　専門的には「**法的三段論法**」といいます。「**大前提**」に「**小前提**」をあてはめて結論を導く。裁判官の基本的な思考パターンです（⇨図表68）。

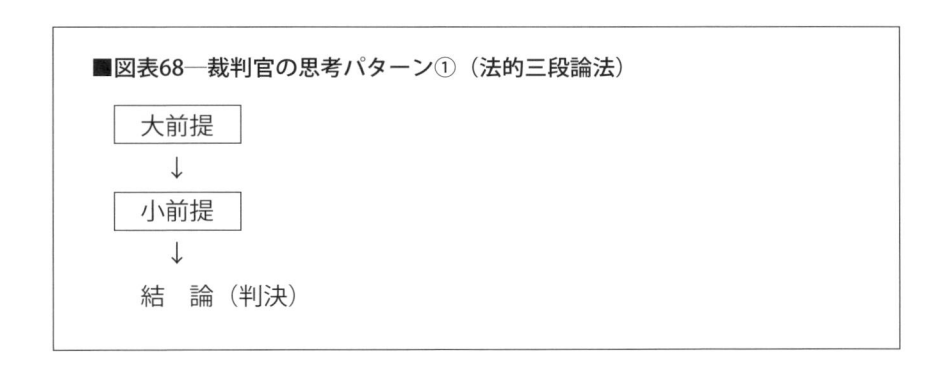

■図表68──裁判官の思考パターン①（法的三段論法）

　　　大前提
　　　　↓
　　　小前提
　　　　↓
　　　結　論（判決）

　大前提というのは「**法解釈**」です。法律の条文を解釈して規範を立てる作業、「**規範定立**」をここで行います。

　小前提は「**事実認定**」です。証拠に経験則をあてはめて事実を認定する作業を行います。もっとも、試験では事実認定までは求められず、す

でに確定された事実を前提に出題されるものも多いです（⇨図表69）。

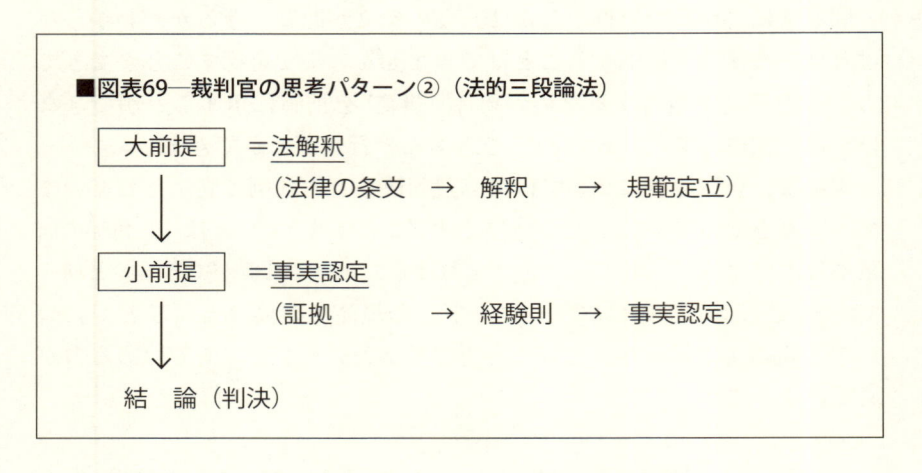

```
■図表69―裁判官の思考パターン②（法的三段論法）
   ┌─────┐
   │ 大前提 │ ＝法解釈
   └─────┘
      │      （法律の条文　→　解釈　→　規範定立）
      ↓
   ┌─────┐
   │ 小前提 │ ＝事実認定
   └─────┘
      │      （証拠　→　経験則　→　事実認定）
      ↓
     結　論（判決）
```

　こうした思考経路を文章で流れるように書くことが、論文式の答案では求められます。それは法律家が裁判で行うべき論証です。裁判官が判決を書く思考パターンにそって、弁護士や検察官は訴訟活動を行う必要があるからです。
　この流れ、書き方は、ある種、独特のものがあります。**判決文や法律家の文章、論文試験の解答例（参考答案）などをたくさん読んで、感覚をつかむしかありません。**最初はなにをどのように書いてよいかわからないと思います。慣れないうちは、模範解答をそのまま書き写すトレーニングをするのも力になります。

Chapter : 4-33

模範解答をそのまま書き写すトレーニングもある！

こうすることで、論証の仕方や流れを腕におぼえさせることができます。しかし、これは法律家が書く一般的な文章の流れです。じっさいに出題された事例について、的確な答案を書くためには、書くべき内容を自分で検討できる思考力が必要になります。これが法律家に求められる法的思考力です。
　そのトレーニングに最適なのが「**答案構成ノート**」の作成です。

Chapter : 4-34

「答案構成ノート」は、法的思考力を磨くために最適？

　「答案構成ノート」は、その事例問題に対する答案（解答）を論文式で書くにあたり、その骨格となるアウトラインを記載するものです。試験問題を解くときにも、いきなり論文を書き始めるのではなく、「答案構成メモ」をつくり、それをみながらその順序で答案用紙に文章を書くようにします。それをすらすらできるようにするためのトレーニングとして、「答案構成ノート」をつくるとよいです（⇨口絵5）。

　問題文をコピーしてノートの上にはり、その下に手書きで答案構成を書いていきます。原則、箇条書きで省略記号や矢印などを使いながら、答案で書くべき項目を、順番に記載していきます。
　いったんノートができたあとは、今度は問題文だけをみて（その下の答案構成は紙で隠して）自分で時間を決めて、時間内に「**答案構成メモ**」が書けるかをトレーニングします。
　なにもみないで（判例の掲載されていない六法はみてもよいです）「答案構成メモ」を書き、時間がきたら終了し、隠していた紙をどかし、自分でつくった「答案構成ノート」をみます。前にノートに作成した答案構

成と見比べて答え合わせをします。

> Chapter : 4-35
> 「答案構成ノート」をつくると、
> 自分で演習が何度もできる。

　加筆すべき点がみつかれば書きこみをし、忘れてしまった論点があればマークをつけたり、色をつけたりすることで、使いこなされたオリジナルの「答案構成ノート」ができます。

　大事なことは「自分の正しい思考プロセス」をノートに残しておくことです。法律の勉強では、思考プロセスはひとつではありません。同じ事例問題に対しても、さまざまなアプローチがあります。与えられたテキストや解答例は、答えとしては正しいもののひとつだとしても、あなたの思考プロセスとは違う場合があります。そのときに解答例ばかりみていると、しっくりこないアプローチなので、それをただおぼえようという勉強になりがちです。

　自分のあたまで考えて導かれる「論理的に正しい思考プロセス」を、ノートに残しておくのです。もちろん、自分が考えたものはなんでもよいというわけではありません。そこで「論理的に正しい」かの検証はする必要があるのです。

先人の言葉から感じとろう!

アフォリズム………20
APHORISM

「やさしいことば、わかりやすい文章、これは間違ってはいませんが、論文にとって大切なのは論文全体がやさしく、わかりやすく書けていることで、それはなにかというと、構造的に組み立てられているということです。」

………澤田昭夫『論文の書き方』
（講談社学術文庫・1977）104頁

　文章を書けば論文になるかというと、そうではありません。ブログや日記とは違います。思うがままに文章を書き連ねるだけでは、論文にはなりません。向かうべき目標（問題に対する答え）があり、そのために生じる問題点があり、そこで登場する判例や解釈論があります。具体的な事情を規範にあてはめることも必要です。そのためには骨組みが必要です。これが答案構成です。

第5章 問題を解くときのノート術

1　事例問題を読解するための
　　ノート術

　法律の試験は、「**事例問題**」で出題されることが多いです。いわゆる論文式と呼ばれるものですが、新司法試験の論文試験をはじめとして、法学部や法科大学院の学内の期末試験でも、事例問題がだされ、その解答を論文形式で書くものが多いと思います。

　また、資格試験などでは、択一（短答）形式の試験もたくさんありますが、こうした問題でも、答えを、肢[1]から選ぶ前提として、数行の事例を解読する必要があるものもあります。

　このように事例問題の出題が多いのは、法律がじっさいにある事例に適用するために存在しているからです。
　しかし、はじめてみる事例をすぐに理解することは、かんたんではありません。とくに試験では、緊張やプレッシャーなどから（あるいは気合を入れすぎて）、問題文を読み間違えてしまうことや、正確に読みとれないことがあります。

　はじめてみる事例でも、あわてずに読みこみ、正確に理解するためには、次のことに注意をするとよいです。

----

[1] たとえば1から5のうち正しい答えをマークしなさい（書きなさい）という問題があったときに、1から5のそれぞれの選択肢のことを「肢」と呼びます。

> *Chapter : 5-1*
> ① 「関係図」をささっと書く
> ② 「時系列」をメモして整理する

　①と②については、第1章2「あたまを整理し、理解するためのノートの必要性」、第3章2「体系書を読むときのノート術」でお話をしました。さらにプラスして知ってほしいのが「**問題文をよごす技術**」です。
　③問題文を読みながら手を動かすことも有用ですし、④手を動かし書きこみをすることで、事案分析のあとを残すことも重要です。

> ■図表70─事例問題を読解するときのメモの技術
>
> ① 「関係図」をささっと書く（⇨第1章2、第3章2）
> ② 「時系列」をメモして整理する（⇨同上）
> ③ <u>問題文を読みながら手を動かす（⇦ココをお話します）</u>
> ④ 手を動かして書きこみをする（⇨第5章2）

　図表70の④については次の項（⇨188頁以下）でお話します。まずは、③の「問題文を読みながら手を動かす技術」をお話したいと思います。

　技術といいましたが、それほどテクニックが必要なことではありません。単純に問題文に書かれている事例に**下線を引いたり、キーワードなどを丸でくくる**のです。イメージとしてはよごす感覚で、ぐしゃぐしゃ書くことです。試験問題を解くときには「**時間制限**」があります。ゆっくり落ち着いて考えている余裕はありません。そこで問題文の事例

を読みはじめた瞬間から同時に手も動かし、どんどん下線を引き、丸などでくくっていくのです。勢いをつけて素早くできると、読むスピードがアップします。

　ものすごい速さで事務処理をするイメージです。＜すー、さっさっ、すー、まる、まる、すー、さっさっさ、すー、まる＞と、シャーペンの音が、静かな試験会場にかすかに響き渡るような感覚です。
　問題文の事例はよごしていいのだと思えると、手が自然と動くようになります。試験問題は敵みたいなものです。ロールプレイング・ゲーム（RPG：role-playing game）でいえばモンスター（敵）です。
　もたもた考えている時間はありません。第1問、第2問、第3問……相手は次から次へとやってきます。こちらから先手、先手で立ち向かっていきましょう。

|先人の言葉から感じとろう!|

アフォリズム………21

APHORISM

「法に対する正しい知識をうるということは、けっして個々の条文を知ったり、個々の立法問題の研究にとどまるものではなく、法全体に対する正しい考え方を体得することをもいうものである。法全体(法の本質)を正しく理解してはじめて個々の法律問題に対する正しい理解も得られる。これとともに個々の問題をとおして法全体の問題を考えることも必要である。」

………山田晟『法學〔新版〕』
(東京大学出版会・1992) 1-2頁

　法の本質を知ることは容易なことではありません。なにが本質かは、ひとことでいえるほど明確なものではないからです。それはもやっとしています。法律に取り組んだ時間が長い人にはわかります。しかし言葉ですぐに説明できるものではありません。それが本質です。目のまえにある問題をくり返しトレーニングし続けることで、いつか必ずその正体に出会えるのだと思います。

2 事例問題を分析するためのノート術

　事例問題を解くときには、遠慮せずに問題文をよごしましょう、というお話をしました（⇨185頁）。読むスピードにあわせて下線を引き、丸などでくくることで、リズムにのって素早く事例を読むことができるようになります。

　さらに事例を分析するにあたっては「**関係図**」や「**時系列**」をメモするとよいです。このこともお話をしました（⇨第1章2、第3章2）。

　ここで「関係図」を書くときに問題文にある事情すべてを図にしていたらいくら時間があっても足りません。比較的短い事例であればできるかもしれませんが、長文になるとそれをすべて図にすることはまず不可能です。

　そこで「関係図」に書くことは、登場人物と登場人物が行った行為や契約など主要なものにとどめ、細かい事情については、問題文に「**記号マーク**」をつけ、「記号マーク」を「関係図」の該当する部分に書いておく方法があります。

　本書で事例を書いた例を使うと、次のようなイメージです。

◉問題文

　「Aは、Bに対し、自己所有の甲建物を売却して引き渡し、Bは、Cに対し、甲建物を、使用目的は飲食店経営（※）、賃料月額50万円、期間3年、給配水管の取替工事はCの負担で行うとの約定（☆）で賃貸して引き渡した。Cが300万円をかけて甲建物の給配水管の取替工事

をした直後、Aは、Dに対し、甲建物を売却して所有権移転の登記をした。
　この事案において、DがAからBへの甲建物の売却の事実を知らなかったものとして、DがCに対してどのような請求をすることができ、これに対し、Cがどのような反論をすることができるかについて論じた上で、BC間の法律関係についても論ぜよ。」

　　　　　　　　　　　　（旧司法試験・論文式（民法）平成13年度第1問）

この事例を「図」にすると、次のようになります（⇨図表71）。

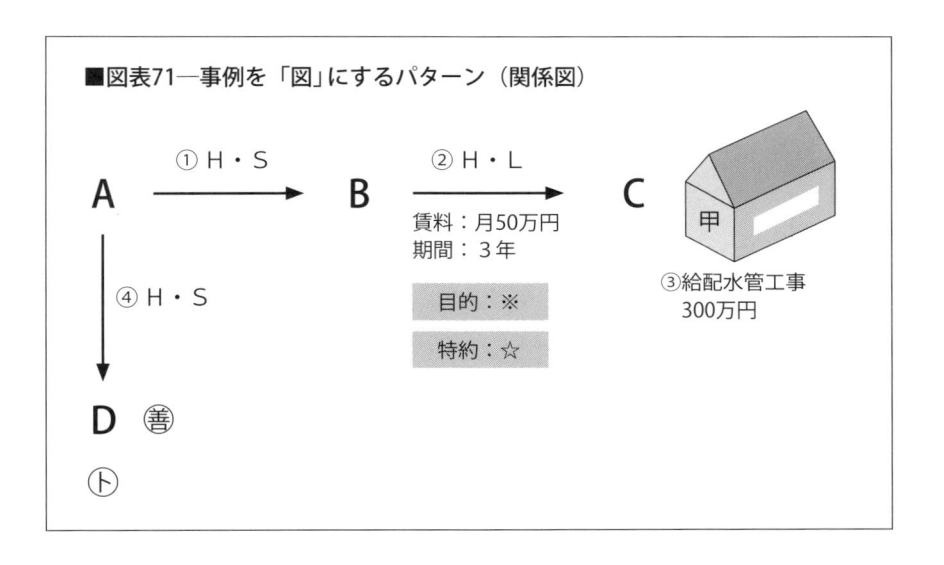

■図表71―事例を「図」にするパターン（関係図）

```
         ①H・S              ②H・L
    A ──────→  B ──────→  C  [甲]
    │                賃料：月50万円
    │ ④H・S           期間：3年
    ↓                 目的：※        ③給配水管工事
    D  善             特約：☆         300万円
    悪
```

　問題文を読みながら、下線と「目的：※」と「特約：☆」の2つ「記号マーク」を問題文に書きこみ、それを「図」に示したものです。
　この問題では事情がそれほど長くありませんでしたので、あまり変わりがないように思うかもしれません。しかし長い問題文では、こうした

2……事例問題を分析するためのノート術　189

「記号マーク」で事情を省略して「関係図」に載せておくことは、時間短縮につながりますし、図をみたときのすっきりとした感覚もたもたれますので、ぜひ試してみてください。
　ちなみに「記号マーク」には「※」「☆」のほかに、「※※」「※※※」「☆☆」「☆☆☆」と数を増やすことで変える方法もあります。「◇」「□」「■」「○」といったさまざまな記号を使う方法もあります。
　たくさんでてくるときには数字をミックスすると、少ない字数で「記号マーク」をつくることができます。「※1」「※2」「※3」「☆1」「☆2」「☆3」などです。
　自分でわかりやすいマークを決めておくとよいでしょう。

| 先人の言葉から感じとろう！

アフォリズム………22
APHORISM

「生じてしまった争いの解決に関わっては、紛争当事者による問題の利益をめぐる事実主張が前提となる。その解決のためには、まずは、当事者の主張事実をきちんと把握しなければならない。そこでふつうに行われるのは、時系列にそって、いつ、どこで、だれが、なぜ、どうしたを整理・理解するということである。」

……………………辻伸行＝宮本健蔵＝山崎敏彦
『民法の考えかた―身のまわりの事例から学ぶ』
（有斐閣・2006）7頁

　法律は抽象的に存在しています。しかしその役割が果たされるのは、具体的な事実が法律に迫るときです。裁判では法律の適用をするための前提として、事実を確定します。これを「事実認定」といいます。事実が確定して初めて、どの条文をどのように適用すべきかという「法解釈」の問題が生じます。法律だけを勉強しても法律家にはなれません。事実をとらえる目が必要です。

3 答案構成メモを活用する技術

　事例を図にしたら、次にすることは「答案構成メモ」を書くことです。「答案構成ノート」についてもすでにお話をしました（⇨176-180頁）。「答案構成ノート」は、勉強するときにじっくり時間をかけて書くものでした。
　これに対して試験問題を解くときの「**答案構成メモ**」は、きれいな文字でゆっくり書いている余裕はありません。スピードをつけて問題文の事例を読んだ勢いで、スピード感をもって答案に書くべき内容のアウトラインをメモすることが重要になります。
　メモの文字は、自分で答案を書くときにかろうじて読めればよい程度のきたないものでかまいません。文章で書いていると答案に論文を書く時間が減ってしまいますので、キーワード程度の感覚でささっとつくります。問題用紙の余白を使って「答案構成メモ」を書くことになると思います。

　試験は時間との戦いです。まず最初に書きこむべきことは、答案構成にかける予定時間です。
　わたしは、新司法試験の論文試験で「ＴＫ○分」（「ＴＫ15分まで」など）と冒頭に書いていました。ＴＫは答案構成（Touan Kousei）の略で、それを何分で終わらせるという目標です。これはその問題文を読んだ手ごたえで、その場で決めます。むずかしい問題のときには長くとらざるを得ないでしょうし、基本的な問題のときには短く設定したほうがよいでしょう。
　また、その科目に特有の注意事項があれば、それをささっと書いてから答案構成をするようにしていました。自分の勉強と「**反省ノート**」（⇨

口絵6）で積み重ねた弱点を書くことも有用です。「問題文を読み間違えないように」「迅速かつ正確に」「論理を意識する」「憲法の背後にある原理原則からていねいに書く」といったことから、「コンパクトに！」「守り」「攻め」など、**その場で決めた答案全体の指針まで、短い言葉で書いておくと、意識がそこに向くようになります**。これが答案を書くときの背骨になります。

マーカーや色ペンなども使って、注意すべき場所を目立つように書く方法もあります。

内容的には「**メリハリ記号**」をつけるとよいです。重要でたくさん書くべきところには「◎」、次に重要なところには「○」、やや細かい部分でコンパクトにおさえるべきところは「△」、「答案構成メモ」のときには思いついたけれども、本問では重要でなく書かないことに決めたものには「×」をつけます。

そして、**じっさいに答案を書くときには、この「メリハリ記号」をみながら、答案に書く分量を調整します**。とりわけ新司法試験の論文試験などでは、論証部分よりもあてはめ部分が重要ですので、多くの問題ではあてはめに「◎」がつくことになると思います。こうしたメリハリづけができると、答案の読み手は実力があると感じてくれます。意識してメリハリをつけるための時間をとって、「メリハリ記号」を活用しましょう。

わたしが合格を果たした平成13年の旧司法試験で試験会場でじっさいに書いた「答案構成メモ」を、次頁に掲載します。時間のない試験会場でのメモなので、乱雑な字で書いています。左上に書いた「9:30 〜 10:30」は、この時間内でこの問題の論文を書ききる目標を立て、答案構成（TK）は、遅くとも「10:00」までには終わらせることを記しています。◎や△などメリハリ記号もつけています。

■旧司法試験平成13年（憲法第1問）の「答案構成メモ」

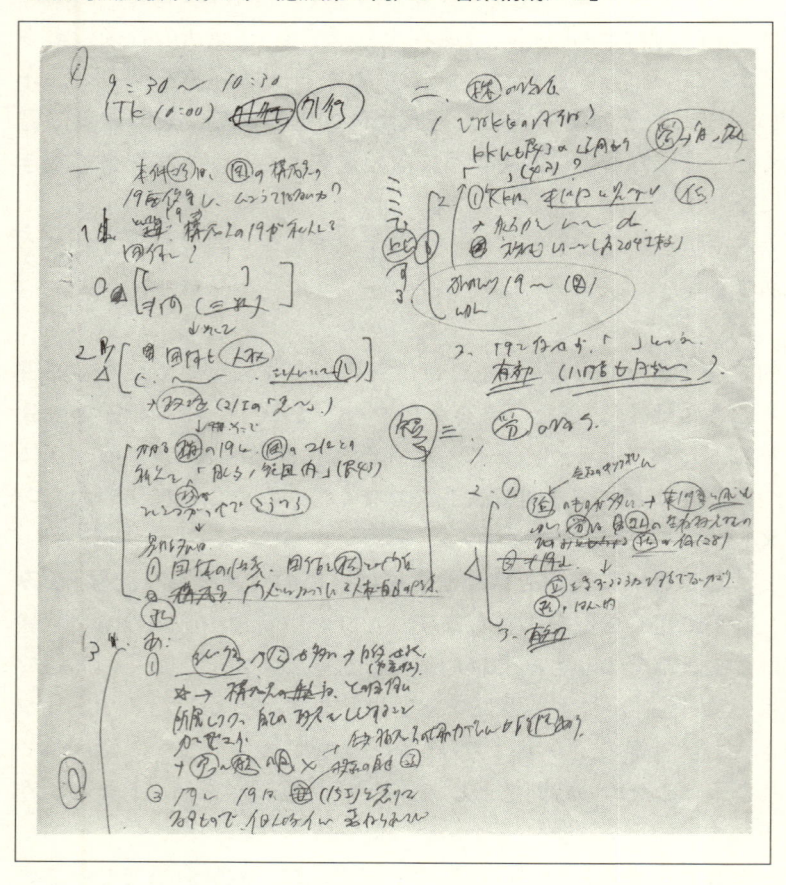

|先人の言葉から感じとろう！|

アフォリズム………23
APHORISM

「答案を書く場合—レポートを書くのと同じように—、最初に構想を練るべきです。5分くらい冷静に考えてみてはどうでしょうか。5分というのは非常に長い時間です。どういう順番で、どういうことを書くかを解答用紙の余白にメモしてみるといった態度が必要です。」

……成田博『民法学習の基礎〔第2版〕』
（有斐閣・2005）21頁

　問題文をみてすぐに答案を書き始めてはいけません。よく知っている典型的な事例が問題だとしても、まずはその事実を的確に分析し、問題文で問われていることをよく読むことです。出題者がなにを考えているのか、なにを書くことが求められているのかを想像します。どのような順序で、どのようなバランスで書くのがよいのかを考えます。これが「答案構成メモ」です。

4 択一模試のノート術
（弱点問題ファイル）

　択一試験（短答式試験）の模擬試験を受けると、成績通知をもらえると思います。得点がよければ舞い上がり、得点がわるければ落ちこむ。こうした一喜一憂には意味がありません。なぜなら、模試はあくまで、本試験の練習（訓練）のためにあるからです。

　そこで、本試験で確実に合格点をとるためにという視点でみたときに重要になるのは、間違えた問題をピックアップして「**間違い問題ノート**」をつくることです。

　まず、正答率をみることが重要です。本試験で合格するためには、だれもができる問題を落とすと致命傷になります。だれもができる問題を１問も落とさない力が、確実に合格点をとれる力につながります。この点は、論文試験と少し違います。

　だれもができる問題というのは、正答率が70％以上の問題です。模試の成績表と一緒に同封される正答率のデータもみてください。もし、70％以上の正答率なのに、間違えた問題があれば要注意です。その問題をコピーをしてルーズリーフにはりつけて「間違い問題ノート」をつくり、それを「**弱点問題ファイル**」にとじこみましょう。

　だれもができる問題なのに、自分はできない問題。こうした「弱点」をあつめたノートをつくることができれば、あとはそれを何度も解くことです。ノートの右端に、正解したら「〇」、間違えたら「×」と書いておきます。何度も解くと、あなたがその「弱点問題」を克服できているかがわかります。解くたびに、問題を解いた回数の番号を入れると、次のようなデータができるからです。

> Chapter : 5-2
>
> ①×、②×、③〇、④×、⑤×、⑥×、⑦×
> （7回解いたけど、正解したのは3回目だけ）

　このように「×」が多いということは、いまでもこの問題が自分の弱点ということです。しかも正答率が70％の問題なのですから、早急に克服すべき問題です。

　ルーズリーフで「間違い問題ノート」をつくり「弱点問題ファイル」に入れてまとめておくと、優先度が高い順番に並べ替えることができるので便利です。「×」が多い問題を上にもってくるのです。間違えたら1番上にもってきて、正解したら最後にとじ直すという方法でファイルを整理することを習慣にしていると、よく間違える問題ばかりが上のほうにきます。上から順番に解いていけば、弱点をつぶすことができます。

　そして、たとえば3回続けて正答したときには「弱点問題ファイル」から外すことにしておくと、「弱点問題ファイル」にはつねに弱点のみがたまるので、勉強の効率がよくなります。ぜひ試してみてください。

　択一試験のようなマークシート方式のもの（答えがひとつのもの）は、正答率が高い問題を確実に正答すれば合格できるようになっています。**正答率が12％しかないような、むずかしい問題をできるようになることを目指すのではなく、正答率が70％以上のだれもができる問題を絶対に落とさない力を身につけることが**、合格点をとる力になるのです。

先人の言葉から
感じとろう！

アフォリズム………24
APHORISM

「リーガル・マインドを身につけるためには、何よりもまず、六法などの重要な条文、基本的な法的概念・制度・原理、主な判例・学説などをきちんと正確に理解し、公理・定式などのかたちで明確に示されていない法独特の多少職人的な議論様式・技法にも慣れる必要があります」

……佐藤幸治＝鈴木茂嗣＝田中成明＝前田達明
『法律学入門〔第3版補訂版〕』
（有斐閣・2008）174頁

リーガル・マインド（法的思考）がなにを意味するのかを考えるひまがあったら、目のまえにある条文をきちんと読むことです。授業で習った判例や学説を読み返すことです。そのなかに登場する概念や制度、原理原則の意味を考えることです。法的な議論ができるようになれば、リーガル・マインドは自然と身につきます。そのためにまずは基本を学ぶのです。基本ほど重要なことはありません。

5 択一試験の過去問ノート術
（過去問ファイル）

　だれもができる問題を絶対に落とさないことが、合格点をとる力になるといいました。この視点でみると、択一試験の過去問は、受験生の多くが解いておかなければいけない問題です。たとえその試験が出題された当時はむずかしい問題だったとしても、次にまた同じような問題がでたときには、今度は多くの受験生が正解する可能性が高くなります。

　したがって、択一試験の過去問はくり返し解いて、すべての問題を完全に正答できるくらいになっておくことが必要です。そのための方法として、択一模試の弱点問題と同じで、よく間違える問題を重点的に解けるようなノートやファイルをつくることがあります。それが「**過去問ファイル**」です。

　市販の過去問集をぜんぶばらにして、1問1問を切り離し、穴（左に2穴）をあけてファイルにとじる方法を、わたしは旧司法試験の勉強をしていたときに一貫して行っていました。

　択一模試の「弱点問題ファイル」（⇨196-197頁）と同じように、右上に正解したら「○」、間違えたら「×」をつけます。そして「×」が多い問題をファイルの上にまわしていきます。こうして、だれもができるはずの過去問を、ほんとうの意味でつぶすことができます。

　試験に合格するためには、弱点をつぶすことが重要です。何度解いても毎回正答できる問題をくり返し解いても意味がありません。もちろん、正答できるけれど理由が間違えていたとか、肢のなかに不正確な知識があるような場合は別です。理由もふくめて完ぺきに解ける問題をここでは意味しています。いつも間違える問題、正答しても理由を間違えていた問題などを、重点的に解くことが大切です。

先人の言葉から
感じとろう！

アフォリズム………25

APHORISM

「このように繰りかえして読むということの意味はどういうことなのだろうか。それは筋を知っているのにさらに繰りかえして読むということであるから、注意が内容の細かい所、おもしろい叙述の仕方にだんだん及んでゆくということになるであろう。これはおそらく読書の質を高めるための必須の条件と言ってもよいと思う。」

………渡部昇一『知的生活の方法』
（講談社現代新書・1976）52頁

　名著と呼ばれる本は、読みやすいものが多いです。ものごとを伝えるのに、むずかしい文章を選択する必要はありません。いつの時代も優れた表現者はわかりやすい言葉を選択します。しかしわかりやすいからといって、ほんとうに書かれていることを理解できているかというと、そうではありません。法律も同じです。完ぺきだと思っても、もう1度じっくり読んで考えることです。

第6章

試験に合格するための
ノート術

1 合格ノート
（合格体験記や合格関連書籍を抜粋したノート）

　合格を研究することは、受験テクニックをマスターする作業ではありません。そもそも大学受験までと違って、法律系の資格試験にはいわゆるテクニックで受かるようなものはありません。

> *Chapter : 6-1*
>
> 法律系の資格試験は…（残念ながら）
> 小手先のテクニックで受かるような試験ではない！

　どの試験も、**たゆまぬ努力によって、合格に求められている基本的な知識と法的思考力をマスターすることが必要**になります。これらの力は、大学受験までのような受験テクニックで身につけられるものではありません。
　たゆまぬ努力といいましたが、他方でやみくもに勉強さえしていれば身につくものでもないのです。 たとえば、条文の番号や判例の年月日、学者の名前や、学説のネーミングなどをいかにたくさん記憶したとしても、試験ではまったく歯が立ちません。これが大学受験までの試験（記憶力テスト）と本質的に異なる点です。

> *Chapter : 6-2*
>
> 法律系の資格試験は、記憶力テストではない。

基本的な知識が問われている以上、「基本概念」や「定義」「原理原則」、判例の「規範」を正確におぼえることは必要です。
　しかし大学受験までの試験が丸暗記でも通用したのに対して、法律系の試験は丸暗記ではダメなのです。
　基本的な知識があるという状態は、その言葉の意味を暗記しておいてはき出せるということではなく、①**あらゆる角度から質問をされても（問題をだされても）すらすらとよどみなく答えることができる**こと、②**未知の問題に出会ったとしても、「基本概念」や「原理原則」を前提に、自分なりの考えを引き出せる**ことをいいます。

Chapter : 6-3

法律の勉強で「基本的な知識がある」状態は？
→× 言葉の意味を暗記してはきだせること（ではない）
→○ ①あらゆる角度から質問されても（問題を出されても）
　　　すらすらとよどみなく答えることができること
　　②未知の問題に遭遇したとしても、「基本概念」や「原理原則」を前提に、自分の考えを引き出せること

　ここが大学受験までの試験と圧倒的に違うところです。**暗記でこれまでの試験をねじふせてきた人は、これまでの勉強から卒業する必要があります。**
　こうした情報は、法律の体系書やテキストをみてもあまり書かれていません。こうして法律の勉強を始めた人が、大学受験までの勉強の延長をそのままやってしまい、いきづまる現象が起きてしまっています。

Chapter : 6-4

大学受験までの勉強の延長…でいくと、法律の勉強はいきづまる！

　勉強をするということは、（少なくとも期末試験など）なんらかの試験で評価を受けることがゴールにあるはずです。そこで**評価されるためには、つまり合格するためには（合格点をとるためには）、なにをすればよいのか、これをまずは知る必要があります**。

　そのために「**合格ノート**」をつくります。これはその試験で求められていること、つまり合格に必要な力のヒントになる情報をとにかく書きこんでメモをするノートです。合格の全体像は、最初はもやもやとしていて、はっきりとつかむことはなかなかできません。

　しかしいろいろな情報を得て、それをメモしてノートに情報を一本化していくことで、みえてくるようになります。だまされたと思ってぜひつくってもらいたいノートのひとつです。

Chapter : 6-5

合格に関する情報（その試験に求められている力）を、1冊のノートにまとめよう！

　やり方としては市販されている合格体験記などを読みこんで、①太字になっている部分や、②合格者が強調している部分、③読んでいてピンときた部分、④読んでいて気になった部分などを書き写していきます。パソコンでもよいですが、手書きのほうが言葉に力がこめられるので、このノートは手書きをおすすめします。もちろん手が痛くなるという人

は、パソコンでもかまいません。

Chapter : 6-6

合格体験記の次の場所を1冊のノートに抜き書きしよう！
① 太字になっている部分
② 合格者が強調している部分
③ 読んでいてピンときた部分
④ 読んでいて気になった部分

　場合によっては、コピーをしてはりつけたノートをつくってもよいでしょう。合格体験記そのものにマーカーをぬって、それをそのまま集約する方法もあるでしょう。**大事なことは1冊に集約することです。**こうして必要な情報が凝縮された1冊ができます。

Chapter : 6-7

「合格ノート」は1冊に集約することが大事。
（1冊に集められるのなら、どのような方法でもよい）

　あとは**ことあるごとに、このノートを読む**ことです。何度も何度も読みましょう。せっかくノートをつくっても、つくりっぱなしでは意味がありません。くり返し読むことで自信がつきます。勉強の合間や寝るまえ、電車のなかなどで、「合格ノート」を読み、マーカーを引いたり、気づいた点があれば書きこみをしたりします。

> *Chapter : 6-8*
>
> ノートをつくったら、それでおわり？
> ではなく、何度も何度も読もう！！

　そうすることで、試験で求められている力が自然と情報として脳に染みこんでいきます。勉強の方向がそれる危険も回避でき、努力の成果が確実にあらわれる方向に進むことができます。

　「合格ノート」は合格体験記にかぎらず、その試験の勉強法などの書籍からもヒントが得られることがあります。関連書籍を徹底してあらい、そこに書かれている情報を1冊のノートに書き写します。こうすることで、どの合格者にとっても、またどの本にもくり返し書かれている、大事なことがわかればしめたもの。それがその試験で求められている合格像、つまりは目指すべき到達点です。なにが求められているかがわかれば、求められている力と自分の現状とのギャップをうめる努力をすればよいことになります。

> *Chapter : 6-9*
>
> 「合格ノート」をつくれば、合格像がみえてくる。
> これがその資格試験で求められている力の正体！
> →これが、あなたがこれから身につけるべき力です。

　結局のところ、新司法試験で求められている力をひとことでいうと、**「知識と論理」**です。これは旧司法試験から変わっていません。これにつきます。

> Chapter : 6-10
>
> ## 新司法試験で求められている力は？
> ## →「知識＋論理」

　そして「**知識**」というのは、あくまで基本的な知識を指し、「**論理**」というのは法的思考を文章で表現できる力のことをいいます[1]。
　この求められている力を具体化する情報が、「合格ノート」をつくることで集まり、くっきりと浮かび上がってくるのです。

---

[1] 後述しますが（⇨216-221頁）、法務省がホーページで公表している「出題趣旨」には試験委員からのメッセージがたくさん盛りこまれています。たとえば、「「暗記」に基づく抽象的、観念的、定型的記述ではなく、問題に即した憲法上の理論的考察力、そして事案に即した個別的・具体的考察力を見ることを主眼としている」といった記載があります（「平成23年新司法試験論文式試験問題出題趣旨」【公法系科目】〔第１問〕）。

先人の言葉から
感じとろう！

アフォリズム………26
APHORISM

「自己の生存を主張することは、生きとし生けるものの最高の法則である。この法則は、あらゆる生きものの自己保存本能として示されている。しかし、人間にとっては、肉体的な生存ばかりでなく、倫理的なるものとして生存することも重要であり、そのための条件の1つが権利を主張することなのである。」

……イェーリング・村上淳一訳『権利のための闘争』
（岩波文庫・1982）50頁

　あなたは自己主張が強い方ではないかもしれません。とくに実社会にでるまえの学生のころは、勉強ができる人ほど戦いを好まないものです。当事者の主張に迫力を感じることもないかもしれません。しかし社会人になり人生経験が増えると、どれほど温厚な人でも声高（こわだか）に主張したいことがでてきます。それが人間の本質なのだと思います。法学は、机の上の議論ではないのです。

2 合格者ノート
（合格者の話やインタビューをまとめたノート）

1で話した「合格ノート」に続いて、合格のための情報をまとめたノートとして「**合格者ノート**」があります。

単に「者」が入っただけじゃないかと、つっこみがありそうですが、このノートは「者」とあるように、合格者本人の生の声（ただし、音声データもふくみます）をライブ感たっぷり聴くことで得た情報を書きこむノートのことです。

Chapter : 6-11

「合格ノート」　…合格に関する書籍（合格体験記・勉強法等）から得た情報をまとめたノート

「合格者ノート」…合格者本人の生の声を聴くことで得た情報をまとめたノート

ノートの名前を内容からわざわざ2つに分けましたが、「合格ノート」と「合格者ノート」を1冊のノートにまとめるのもOKです。

司法試験などを受ける人は、合格するための情報に敏感になることが重要です。ここで知ってもらいたいのは、同じ合格者の言葉でも、①本から得られる情報と、②じっさいに合格者の声を聴くことで得られる情報の2つがあるという点です。

> *Chapter : 6-12*
>
> 同じ合格者の言葉でも、情報源は２つある！
> ① 本から得られる情報
> ② 合格者の声を聴くことで得られる情報

　①本から得られる情報については、合格体験記や勉強法の本などを購入し、あるいは図書館などで借りて読むことで、入手することができます。合格者が文字情報として整理したものを受け取るという意味で、受け身的な情報源ということもできます。もちろん、受け身だからといってわるいという意味ではありません。書籍は書き手が内容を整理したものである点で、情報価値は高いからです。

　これに対して、②合格者の声を聴くことで得られる情報については、講演やセミナーなどであれば、受講者として一方的に聴くことにはなりますが、本では書けないようなエピソードなどもまじえた、ライブ感あふれる合格者の話を聴くことができます。音声データなどでもかまいませんが、ライブで受講した場合（生講義）では、直接合格者に質問する機会がもらえるかもしれません。

> *Chapter : 6-13*
>
> ライブの講演やセミナーであれば、
> 質問をする絶好のチャンス！

　じっさいにあなたが目指す試験に合格した人の顔をみて、声を聴くことで、五感が刺激されます。

目指すべき合格者のイメージや、あなたが将来なりたいとあこがれるロール・モデルに出会える可能性もあります。

> *Chapter : 6-14*
> **合格者に会い、顔をみて、話を聴くことで刺激を受けよう。**

　合格者の話を聴く機会はそう多くはないと思います。興奮して聴いていたらメモをとり忘れてしまった…なんてことにならないように、熱心に聴きながら、同時に手もたくさん動かしましょう。
　合格者の話からあなたがもらえる情報は非常に多いです。ひとことひとことを聴きもらさずに、すべてノートに書きとるくらいにメモをとってみましょう。ライティング・マシーンになるのです。

> *Chapter : 6-15*
> **合格者の話にはたくさんの情報がある。**
> **→手を動かして、たくさんメモに残そう！**

　こうすることで、少なくとも眠くなることを防ぐことができます。合格者の話を聴いて眠ってしまうようでは意識がまだまだ低いといわざるを得ませんが、勉強で睡眠不足のときでも手を動かしていれば脳がホットに動くものです。なにより、そのときに聴いた興奮がそのまま文字に残ります。
　書いたメモはそのままバインダーにとじるのもよいでしょう。メモはメモとして残し、あとからもう1度メモを読みこんで、特に重要だと思った部分をノートに書き直す方法もよいでしょう。

> Chapter : 6-16
> **せっかく聴いた合格者の熱いメッセージは、**
> **ノートに残して何度も読み返せるようにしよう！**

　いっけん２度手間にも思えるかもしれませんが、重要な情報を書きとることは試験で求められているものが脳にしみこみ、よい結果を生みます。十分に時間をかけてよい作業です。

　合格者から情報を入手する方法には、もうひとつあります。合格者に直接インタビューをすることです。これは最も直接的な方法です。法科大学院に通っている人は、先輩の合格者に面談を申しこむなどして、思いきってインタビューをしてみましょう。
　身近に合格者がいない場合でも、仲間や人づてで合格者に会う機会をつくりましょう。

> Chapter : 6-17
> **勇気をだして合格者にインタビューを**
> **申しこんでみる！**

　直接インタビューをすれば、あなたは莫大な情報を得ることができるはずです。そのためには質問を工夫する必要があります。目的意識が明確でないままに質問をすると、次のような質問で終わってしまうかもしれません。

```
●目的意識が明確でない質問                           合格者

  <質問>                    <合格者の内心>
  「勉強ってたいへんでしたか？」   （たいへんにきまってるだろう！）

  「1日何時間勉強しましたか？」   （日によって違うし、
                              時間で決まるものじゃないよ）

  「どんなテキストを使いましたか？」 （テキストで合格が決まるわけじゃ
                              ないんだよね……）

  「彼女（彼氏）はいましたか（勉
   強と両立できましたか）？」    （きみ、やる気あるの？）

  「なんで試験を受けたのですか？」 （ひやかしですか……）
```

　もちろん、合格者の勉強時間や使った教材も役立つ情報です。こうした情報を入手することも大切です。ただ、これらは、合格者に直接会って質問をしなくても、市販の合格体験記や勉強法の本、受験雑誌などを読めばわかることです。その合格者に固有の情報である可能性も否定できません。

　合格者に聞くべきは「合格するために必要な力」です。それはその「試験で求められている力」です。合格者にもいろいろなタイプがいますが、共通してきちんとできていることが必ずあります。それを聴き出すことが合格者へのインタビューで重要なことなのです。

具体的には、次のような質問をしてみてください。

●合格者にはこういう質問をしてみよう！　　　　　　　　　　合格者

「勉強をする上で、強く意識したことはなんですか？」
「この試験ではなにが求められていると思いますか？」
「どういう答案が評価されると思いますか？」
「くり返し勉強したのはなんですか？」
「合格するためには、なにをすればよいと思いますか？」

　できれば複数の合格者に同じ質問をして、答えをもらえるとさらによいです。「あれっ、この人も（あの人も）、みんな同じ答えだ」という情報があれば、それが合格者の共通項。その試験で求められている力です。こうした情報を収集し、ノートにまとめていきます。
　何度も読み返すことで、合格のイメージ（勉強の終着点）がくっきりと浮かび上がるようになります。進むべき道がはっきりします。

先人の言葉から感じとろう！

アフォリズム………27
APHORISM

「ある場合には、法の知識は、自分のものを主張してそれを防衛するのに、直接の助けとなることがあろう。またある場合には、法の知識は、陪審員や選挙人が、その重要な任務を遂行するにあたって啓発してくれるであろう。いかなる場合でも、社会のすべての構成員は世論の形成に参与するものであるが、この世論こそは、法を生みだしそれを変更するための、最も有力な原因の1つにほかならないのである。」

……P.G. ヴィノグラドフ・末延三次＝伊藤正己訳
『法における常識』（岩波文庫・1972）12頁

べつに法律家を目指しているわけではないんだよね、という人にも法律の勉強は役立ちます。企業の法務部に配属されたら……ということではありません。社会で生きていくと、必ず法律が関係してきます。学生のうちは、その必要性になかなか気づくことができません。大事なことは法律以外のことにも関心をもつこと。その関心を深めていくと、必ず法律の問題が顔をあらわします。

3 情報ノート
（出題趣旨や試験情報・データをまとめたノート）

　あなたが、もし新司法試験を受けることを少しでも考えているのなら、法務省のホームページにアクセスし、「平成○年新司法試験論文式試験問題出題趣旨」（以下「**出題趣旨**」といいます）を読んでみてください。
　できればプリントアウトして、左側に2つ穴をあけてバインダーなどにとじ、1冊のファイルにとじてしまうのがよいです。これが、「**情報ノート**」です。

> Chapter : 6-18
>
> 新司法試験を受けることを少しでも考えている人は、
> 法務省ホームページの「出題趣旨」を
> プリントアウトして、ファイルにとじよう。

　出題趣旨は、毎年、各科目の問題ごとにありますので、新司法試験が始まった平成18年からすべて出力していくと、それなりの分量になります。
　大事なことはひとつの年だけをみるのではなく、これまで公表されているすべての年についてプリントアウトし、各科目ごとにとじておくことです。

> Chapter : 6-19
>
> 公表されているすべての年度について
> プリントアウトし、科目ごとにとじておこう。

　「出題趣旨」を「情報ノート」1冊に集約し、そのノートを通読していると、毎年問われていることはだいたい同じであることがわかります。

　キーワードにマーカーをぬったり、重要と思われる部分をノートにはりつけたり、書き写したりすることで、試験で求められていることがみえてきます。

　出題趣旨と似たものに、司法試験委員の「平成○年新司法試験の採点実感等に関する意見」（以下「**採点実感**」といいます）もあります。試験を出題し採点する側のコメントがざっくばらんに明らかにされています。これも重要な合格情報です。

　「採点実感」も同じように、すべての年度についてプリントアウトし科目ごとにとじておきましょう。

> Chapter : 6-20
>
> 「出題趣旨」に加えて、
> 「採点実感」もプリントアウトしてとじておこう。

　「出題趣旨」も「採点実感」もともに、その年度に出題されたその科目の当該問題についてのコメントです。問題を解いてからでないと読んではいけないのでは、と思うかもしれません。

　しかし解く必要はありません。問題文を読んで解くとなると、時間と労力を使います。新司法試験受験を控えた人はともかく、まだそこまで

の段階でない人には荷が重いでしょう。問題を読む必要も、解く必要もありません。**とにかく「出題趣旨」と「採点実感」を手あたり次第に読んでしまう**のです。

> *Chapter : 6-21*
>
> 問題文を読まなくても、問題を解かなくてもよい。
> とにかく「出題趣旨」と「採点実感」を読んでみよう！

たいした分量ではないので、読むのにそれほど時間はかからないはずです。大事なことは、その問題文に固有の情報ではなく、どの問題にも通じるような一般的な「出題趣旨」を読みとることです。

> *Chapter : 6-22*
>
> 一般的な「出題趣旨」（抽象的な言葉）をみつけよう！

読んでいると、次のような言葉がでてきます。「基本的な法条の理解」「出題に係わる法令に関する基礎的な知識・理解力」「基本的な条文の趣旨やその文理構造」「事案を分析し、主張を整理する力」「基本的な制度や条項の理解」「解答を自分の言葉でわかりやすく表現するための表現力」「当該知識を具体的な事例に応用していく学習」「どのように事実関係を認定し、どのように法規に当てはめて判断すべきかを考える能力」。こういった抽象的な言葉にマーカーをぬります。下線をひくのでもよいでしょう（219頁以下の具体例にも、下線や囲みを入れました）。

そうすると、毎年、どの科目でも、どの問題でも、だいたい試験委員が求めていることは似かよっていることがわかります。

●平成23年新司法試験論文式試験問題出題趣旨

【公法系科目】〔第1問〕
　「今年の問題でも、「暗記」に基づく抽象的、観念的、定型的記述ではなく、問題に即した憲法上の理論的考察力、そして事案に即した個別的・具体的考察力を見ることを主眼としている。
　問題を解くに当たって、問題文を注意深く読むことが必要である。議論が不必要に拡散しないように、問題文の中にメッセージが書かれている。」

　上の平成23年の「公法系科目」の第1問（憲法）の「出題趣旨」をみると、「問題に即した憲法上の理論的考察力、そして事案に即した個別的・具体的考察力を見ることを主眼としている」ことがわかります。これが試験で問われていることです。「問題文を注意深く読むことが必要である」と親切なアドバイスまであります。

　もう少しみてみましょう。次は同じ平成23年の新司法試験で「刑事系科目」の第1問（刑法）の「出題趣旨」です。

●平成23年新司法試験論文式試験問題出題趣旨

【刑事系科目】〔第1問〕
　「本問は、夜の繁華街で発生した3名によるけんかという具体的事例について、それぞれの罪責を問うことにより、刑事実体法及びその解釈論の知識と理解、具体的な事案を分析してそれに法規範を適用する能力及び論理的な思考力・論述力を試すものである。」

「具体的事例について、それぞれの罪責を問うことにより……を試すもの」という部分が大事です。長い事例問題ですが、**その事例に対する答えだけをきいているのではない**のです。あくまで、**問題文の事例は「解釈論の知識と理解」「法規範を適用する能力」「論理的な思考力・論述力」を試す手段としてある**のです。ここに気づくことができると、評価の高い論文を書くことができるようになります。

民事系（民法）も同じで、下のとおりです。

●平成23年新司法試験論文式試験問題出題趣旨

【民事系科目】〔第1問〕
「本問は、不動産賃貸業を営むAが賃借している建物とその敷地について複数の取引が行われた後、Aが事実上倒産した状態となり、その頃その建物のエレベーター内で人が転倒し骨折するという事故が生じた事例に関して、民法上の問題についての基礎的な理解とともに、その応用を問う問題である。具体的な事実を法的な観点から評価し構成する能力、具体的な事実関係に即して民法上の問題を考察する能力及び論理的に一貫した論述をする能力などを試すものである。」

他の科目も、そして他の年度も、同じようなことがくり返し書かれています。新司法試験の受験を考えられている方は、ぜんぶに目をとおしておくことが大切です。

これにあわせて「採点実感」も率直な感想が公表されています。なにが求められているのかを体感できる貴重な情報源といえるでしょう。たとえば、次は、平成22年の公法系科目（行政法）の「採点実感」です。採点の方針まで教えてもらえるのですから、これほどありがたいものはないでしょう。

●平成22年新司法試験の採点実感等に関する意見（行政法）

「2　採点方針
　採点に当たり重視していることは、法的な論述に慣れ、分かりやすく、かつ、受験生の思考の跡を採点者が追うことができるような文章を書いているか、という点である。決して知識の量に重点を置いているわけではない。」

　あなたがもし新司法試験を受けるのであれば、これは大きなヒントになるでしょう。**「知識の量」に重点があるわけでないと、はっきりと書かれている**からです。知識の量だけで勝負してしまう人は、勉強の見直しが必要になるかもしれません。

　さらに、合格者の話などもあわせてえると、試験委員が求めていることを100％完ぺきにできていなくても、現実には合格している人が多いこともわかります。この関係を「図」にすると図表72のようになります。

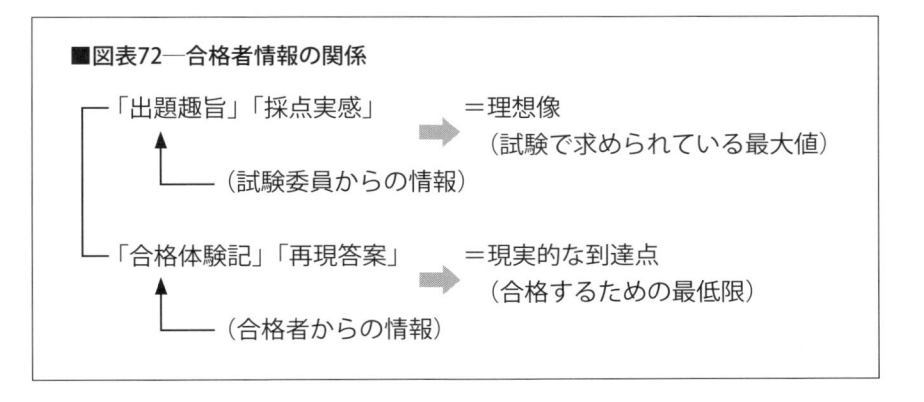

■図表72─合格者情報の関係

```
┌─「出題趣旨」「採点実感」   ⇒ ＝理想像
│    ↑                         （試験で求められている最大値）
│    └──（試験委員からの情報）
│
└─「合格体験記」「再現答案」 ⇒ ＝現実的な到達点
     ↑                         （合格するための最低限）
     └──（合格者からの情報）
```

その他の試験情報も（新司法試験であれば）法務省のホームページ（新司法試験）にアクセスすればプリントアウトできます。
　むかしであれば公開されていなかったような試験のデータが（合格者数、合格率、合格者の得点や分布図など[2]）たくさん掲載されています。できるかぎり多くプリントアウトしてファイルにとじてしまうことをおすすめします。

Chapter : 6-23

**あらゆる試験情報をプリントアウトして
1冊に集約しよう！**

　こうすることで、試験情報をまとめた1冊ができます。なにか気になったことがあったときには、この1冊をみることで試験情報をみることができます。
　試験情報はホームページで随時更新されています。まめにチェックをして新しい情報があったときには、追加をするとよいでしょう。

Chapter : 6-24

更新情報のチェックも怠らずに…。

2　「新司法試験における採点及び成績評価等の実施方法・基準について」「平成○年新司法試験の結果について」「新司法試験における論文式試験の答案用紙の配布枚数について」など。

なかには、あえて読まなくてもよいような情報もあるかもしれません。しかし試験情報をすべて「**情報ノート**」に集約し、ひととおり目をとおしておけば、「みんなが知っているのに自分だけ知らなかった……」という、もれをなくすことができます。

　たとえば、新司法試験の選択科目である「租税法」などについては、試験の範囲についてもアナウンスがでています。

●司法試験委員会会議（第14回）

　「出題範囲は、所得税法を中心とし、これに関連する範囲で法人税法及び国税通則法を含み、いずれも基本的な理解を問うものとした。」

●司法試験（租税法）の出題に係る法令について

　　　　　　　　　　　　　平成18年11月８日司法試験委員会決定
　　　　　　　　　　　　　改正　平成23年11月９日

　「各年の司法試験における租税法については、当該年の１月１日現在において、既に公布され、かつ、当該年の司法試験の選択科目の試験日以前に施行されていることが定まっている法令に基づいて出題する。」

　こうした情報を知らないまま試験の勉強を始めることは危険です（出題範囲なのに範囲外だとカン違いをして勉強をしていなかったり……というリスク）。どのような情報があるかを知っておく意味でもすべてダウンロードし、「情報ノート」に集約することをおすすめします。

「かたちから……」ではないですが、こうした作業を通じて、これから立ち向かうべき試験に気持ちをなじませることもできます。試験の情報を制したぞと思うことができれば、自信にもなり、自然と勉強もはかどるはずです。

Chapter : 6-25

まずはあらゆる試験情報を制する。
＝心構えができる。
安心感につながる。

　法律科目の内容に入るまえに、試験制度について知識を得ておくことが安心感にもつながります。めんどうくさがらずに、必ずやっておきましょう。

先人の言葉から感じとろう！

アフォリズム………28

A P H O R I S M

「明治の憲法は76条、民法は1046条、商法は689条、刑法は264条、民事訴訟法は805条、刑事訴訟法は334条から成りたっていた（その後幾たびか改正があり、現在の条文数は変っている）。このような大法典の壮大な体系が僅かに10年足らずの間にできたということは、まことに特筆すべき歴史的できごとであった。」

……川島武宜『日本人の法意識』
（岩波新書・1967）2頁

　法律ごとに、条文の数はまちまちです。租税法（所得税法、法人税法など税に関する法律の総称）のように、条文の数はそれほど多くなくても、ひとつの条文が異様に長いものもあります。法律の王様は「民法」です。1044条の条文はローマ法に起源をもち、歴史的にも分量的にも内容的にも深みがあります。「民法を制するものは司法試験を制する」といわれるゆえんです。

4 反省ノート
（模試や答練を解き終わったあとに書くノート）

　試験に受かるためには、**敵を知るだけでなく、己を知る必要もあります**。敵というのは試験の正体（合格に求められている力）です。これを知るために合格情報を得て、ノートにまとめることがよいというお話をしました。しかしこれだけでは足りません。

> Chapter : 6-26
> **敵（合格情報）を知るだけでは足りない？**

　求められているものと現在のあなたの実力とのギャップをうめていかなければ、残念ながら合格することはできないからです。
　合格に求められている力と現在の自分の力とのギャップ、これを知るための努力もしないといけないのです。

> Chapter : 6-27
> **合格に求められている力と、**
> **現在のあなたの力とのギャップを知る努力も必要**

　では、どうやれば知ることができるでしょう？　ひとつはじっさいにその試験の過去問をたくさん解くことです。間違えた問題がギャップの部分です。つまり、あなたの現在の弱点です。これを克服するために、

「**間違い問題ノート**」をつくろうというお話はすでにしました（⇨196-197頁）。

ここでは、日ごろの机での勉強ではなく、本試験で発揮できる力に焦点をあてたいと思います。いわば「本番で出せる力」です。
　「本番で出せる力」が真の実力です。本試験の独特の緊張感は、おおぜいの受験者や、制限時間などさまざまなプレッシャーからでてくるものです。

本試験はしょっちゅう体験できるものではありません。そこで、模擬試験（模試）や答案練習会（答練）を「本試験に近いもの」として利用する方法が登場します。
　本試験を受けるつもりで模試や答練を受けると、本番で発揮できるほんとうの底力がつきます。これを利用しない手はありません。

> *Chapter : 6-28*
> ## 本試験で発揮できる力をつけるために、模試や答練を利用しよう！

多くの受験生はなんらかのかたちで模試や答練を利用しています。でも、受けっぱなしの人も多いのではないでしょうか。
　択一模試であれば、間違えた問題のチェックはしているかもしれません。論文の答練であれば、参考答案や解答例、解説のレジュメには目をとおしているかもしれません。でもそれは、復習としてだれもがすること。あたりまえのことです。

> Chapter : 6-29
>
> 模試や答練のあとに問題の復習をしている？
> →それ、あたりまえです。

　「本番で出せる力」をつけるためには、本試験と同じような状況で出てくるあなたのくせ（弱点）を知ることが大事です。せっかく本試験と同じような環境で模試や答練を受けたのですから、その直後にすぐにやるとよいのが「**反省ノート**」を書くことです（⇨口絵6）。

　反省ノートには、その日の日付けや、模試や答練の名称（回数）、科目などの基礎データから、その日の体調や調子（あたまの回転具合ややる気など）を克明に書きとるとよいです。またそのあとで返却された成績表をみて、得点も記入しておきましょう。

> Chapter : 6-30
>
> 模試や答練の日のコンディションなど
> あらゆる情報を克明に書きこむノートをつくろう。

　これは、プロのスポーツ選手などもやっている方が多いようです[3]。ちょっと休憩とか、気分が乗らないからまたあとで、と自分のペースで進めることができない**本試験は、制約された環境です**。持久力もふくめて、あなたの力がフル回転を求められます。

3　中村俊輔『夢をかなえるサッカーノート』（文藝春秋・2009）など参照。

> *Chapter : 6-31*
> ### 本試験では、あなたの力がフル回転を求められる！

　本試験に弱いという人は、こうした稼働(かどう)状態のときにうまく機能しない弱点をもっている場合があります。

　これはできる！と意気ごむとミスがでやすくなるとか、試験のまえにたくさん食べると試験中にあたまの回転がにぶくなる（眠くなる）、などです。

> *Chapter : 6-32*
> ### この時間は眠くなるんだよね……
> ### 試験のまえに食べたラーメンでお腹が……

　こうしたコンディションは、人それぞれタイプがあり、千差万別です。自分の力を知るためには、その日の反省もふくめて、食事や睡眠時間などのコンディションまで記録したノートをつくるとよいです。それを毎回書くことで、成績（結果）とコンディションとの関係がみえてくることがあります。

　まえの日が睡眠不足だと、ミスがでやすい傾向にあることがわかるかもしれません。試験まえにあまり食べすぎないほうがいい、逆に少しは食べておいたほうが調子がよかったなど、いろいろなことがみえてくると思います。

> *Chapter : 6-33*
>
> 「反省ノート」をつくることで、
> あなたのベストのコンディションづくりができる！

　それを知っておくことができれば、本試験であなたの理想のコンディションをコントロールすることも可能になります。少なくともやってはいけないことがわかり、失敗を防ぐことができます。

　もうひとつは、試験のまえにすべき勉強です。模試や答練を受けるまえに、あなたはどのような勉強をしますか。それも「反省ノート」につけておきます。だいたい何時間くらい勉強したのか、事前になにをしたのか、なにをみたのか、といったことです。
　こうした情報も「反省ノート」に記載し、模試や答練の事前にした勉強と、その模試や答練の成績結果との関係も分析してみます。分析するためには、あえてなにも勉強しないで受ける日をつくったり、たくさん勉強して受ける日をつくったり、目をとおす教材やノートを変えてみたり、あえて変化をつけてみることも必要です。
　そのことと結果（成績だけでなく、模試や答練を受けているときのじっさいの調子もふくみます）を比べることで、直前にあなたがなにをすると最もよいパフォーマンスが発揮できるかがわかります。

> *Chapter : 6-34*
>
> 試験の直前にあなたは、なにをみるといいのか？
> 　　　　　　　　なにを勉強するといいのか？
> 　　　　　　　　どれくらい勉強するといいのか？

とくに新司法試験は長時間の試験です。おぼえておくべきものをど忘れしたり、会場ですぐに思い出せないものがあったりすると、それが足をひっぱります。そういうことがないよう、試験の直前に、弱点や基本事項をチェックしておいたほうがよいといえます。

　しかし他方で直前に（早起きして、あるいは夜ふかしをして）勉強しすぎて、試験のときにあたまがうまくまわらないというのでも困ります。

Chapter : 6-35

あなたは、どちらのタイプ？
＜Ａタイプ＞
試験の直前に勉強しすぎると、本番で疲れてしまう……。
＜Ｂタイプ＞
試験のギリギリまで勉強したほうが、力を発揮できます！

　こうした直前の勉強（時間、対象）と本番でのパフォーマンス（あたまの回転具合）との関係は、意外と盲点です。

　とくに自分は本番に弱いと思う方は、いろいろ実験をして分析をしてみると、意外な発見があると思います。これをサポートしてくれるのが「反省ノート」です。

　じっさいに旧司法試験を受けていたときにつくっていた「反省ノート」を口絵６に載せました。これは、択一試験の模試を受けるたびにつくっていたノートです。

　起床時間が遅めになっていますが、択一試験は当時、午後１時30分から５時までの試験だったため、本番も遅めに起きることを想定し、模試の日だけわざとゆっくり起きていました。朝から試験がある論文の模試は別です。

先人の言葉から感じとろう！

アフォリズム………29
APHORISM

「みなさんが何かゲームのために規則のようなものをきめるときに、みんないっしょに書いてしまっては、わかりにくいでしょう。国の規則もそれと同じで、1つ1つ事柄にしたがって分けて書き、それに番号をつけて、第何条、第何条というように順々に記します。こんどの憲法は、第1条から第103条まであります。」

……『復刊 あたらしい憲法のはなし』
（童話屋・2001）12-14頁

　法律の勉強を続けていると「これはゲームのルールブックなのか」と思うことがあるかもしれません。実社会にある紛争を解決し、また紛争が起きないようにつくられたのが法律です。みんなが守るべきルールです。そういうとゲームという感覚ではありません。しかし裁判にもルールがあります。訴訟法を勉強するとわかります。証拠法というルールにのっとり決着がつくからです。

5　学力分析ノート
（模試や答練の結果を記録するノート）

　学力分析というと、偏差値で競いあうような、いかにも受験勉強という感じがするかもしれません。
　しかしすでにお話したように、法律系の資格の勉強も、じっさいは競争試験になっています。

> *Chapter : 6-36*
>
> **司法試験などの法律系の資格試験は、**
> **じっさいは競争試験になっている？**

　といっても、じっさいにするべきことは、他人との競争ではありません（ここが大学受験までと少し違います）。
　じっさいは競争試験だということと、いっけん矛盾するように思われるかもしれません。しかし法律系の試験は、あくまで法律実務家としてやっていく基礎力があるかを問う試験です。

> *Chapter : 6-37*
>
> **じっさいは競争試験……だとしても、**
> **やはり問われているのは……**
> **あなたが法律実務家としてやっていけるか、どうか。**

　それは、合格に求められている力と現在のあなたの力とのギャップを

うめることで到達できる力です。**競争というのはあなたの外でじっさいに行われている事実です。しかしあなた自身は他人と競争するのではなく、あなた自身と競争するのです。**

自分の力を少しでも高めること、これが勉強の中心です。

Chapter : 6-38

自分の力を高めることが、やはり重要！

冷静に数字で自分の力の「移り変わり」をみてみましょう。こういう分析も重要です。客観的にわかるからです。

本来、法律の力は数値化できるものではありません。しかし基礎力が問われている試験（新司法試験も同じです）においては、答練や模試、法科大学院内でのGPA（Grade Point Average）などの試験結果（成績）が、現在のあなたの実力を示しています。このことは、避けてとおれない事実です。

Chapter : 6-39

試験結果（点数）は、
現在のあなたの実力を示している。

他人との比較ではなく、あなた自身の力の推移という意味で、試験の結果を表にまとめたり、グラフなどにしてみる意義はあります。

「**学力分析ノート**」をつくって、あなたの力の推移を記録することは、単純に点数を比較したり、ながめるとことができるというだけではありません。なにより励みになります。

勉強をすれば成績が上がっていくはずです。伸び悩んでいると思っていても、グラフにしてみると、半年まえよりは上がっている、1年まえよりは確実に上がっているということが実感できれば、それが自信につながります。こうしたメリットがあるので「学力分析ノート」はあなどれないのです。

Chapter : 6-40

思うように勉強がはかどらないんだよね……
あれ？
でも「学力分析ノート」をみると、少しずつだけど成績が伸びているぞ！
よし、がんばろう！

　少しでも成績が上がっているのなら落ちこみませんよ、という方もいるでしょう。しかし成績が上がっていない（あるいは落ちている）という事実をつかむことも重要です。
　成績が落ちている場合には、①単純な勉強不足の（さぼっている）場合と、②勉強する方向を間違えている場合の2つがあります。

Chapter : 6-41

成績が落ちている場合には2つある。
　①　単純な勉強不足の場合（後期はさぼってしまった）
　②　勉強する方向を間違えている場合（これは要注意）

　そして後者（②）の場合は、成績の推移を冷静にみないと、見逃してしまいがちです。

勉強をしているのに成績が下がっていることが発覚した場合は、なにがよくなかったのかの分析をする機会になります。早めに軌道修正をできるチャンスをもらったと喜びましょう。

Chapter : 6-42

「学力分析ノート」は、あなたの勉強のバロメーター。
ちょっとした変化や危険を発見し、
早めに軌道修正ができる心強い味方です。

　実際にわたしが択一試験（司法試験）の模試の成績推移を分析していたグラフを掲載します（残念ながら不合格になった年のものです。グラフをみれば、合格レベルに達していなかったことがよくわかります）。

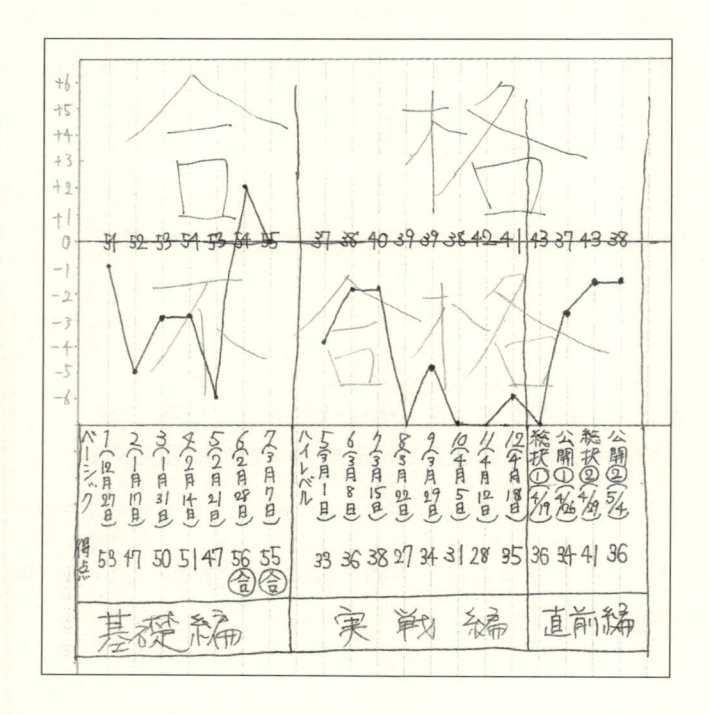

成績が上がっているわけでも、下がっているわけでもない。ひたすら現状維持が続いている。まさに伸び悩んでいるという方は、①勉強量が足りない（もっと勉強したほうがよい）場合と、②勉強量は十分だけれども弱点が克服できていない（できるところばかりやり、苦手なところをスルーしている）場合があります。

Chapter : 6-43

成績が伸びない（現状維持の）場合には、2つある。
① 勉強量が足りない場合
② 勉強量は十分だけれども弱点が克服できていない場合

　いわゆる伸び悩みは②の場合が多いです。さらに勉強量を増やすことでカバーできるかというと、そうではないことが多いのが特徴です。勉強の質を変えるべきときかもしれません。

　苦手なことから目をそむけず、弱点克服に力をそそぐと、一挙に伸びる可能性があります。

Chapter : 6-44

成績の伸び悩みに打ち克つには、
弱点克服に力をそそぐことが重要！

　あと一歩（あと少し）という壁は、長く続くことがあります。多くの場合は、基本的な事項の弱点が足を引っぱっています。多くの人が理解できているのに、あなたが苦手にしているものがあり、その克服を放置しているケースです。

　わたしも、236頁のグラフでもわかるように1回目の司法試験では、

択一試験で力およばず不合格になりました。模試でも、6回目、7回目で合格ラインに達しながら、その後、成績は急降下し、最終的に再びあと2点のところまで上がったものの、本試験でも結局あと2点足りず落ちました。

この「あと2点」が大きな壁となり、翌年2回目の試験で択一試験にはじめて合格するまで、相当な勉強を要しました。その原因は、だれもができる正答率70％以上の基本的な問題を毎回2、3個とりこぼしていることでした。

過去問を徹底して解き、穴をなくす。模試などで正答率が70％以上の高い問題で間違えたものを徹底して復習する。こうした方法をとることで、飛躍的に伸びるチャンスである場合が多いです。あきらめずに、少し角度を変えて勉強してみましょう。

| 先人の言葉から感じとろう！

アフォリズム………30
APHORISM

「努力して大冊を征服することは、人生の勉強としても大切なことであり、十数日、或いは数十日わき目もふらず1冊の本に取りついて、それを読み、且つ読みおえるという努力と忍耐とは、必ず人に何物かを与えずにはおかない。」

「読者として他人から受動的に受け入れたものを、今度は逆に自分のものとして外に出してみるが第1であると思う。別言すれば、読んで頭に入れたものを、今度は自分の口から人に話してみるか、或いは自分の筆で書き留めてみるのである。」

………小泉信三『読書論』
（岩波新書・1964）16頁・50頁

　『読書論』は含蓄があるので、2つ言葉を紹介しました。法律の勉強は本を読むことが中心になります。広い意味ではこれも読書なのだと思います。かんたんにわかるほど甘くはありませんが、時間をかけて没頭すれば、必ず応えてくれるのが法学です。体系書・判例・条文をたくさん読み、それを口に出してみましょう。友達と議論をするのもよいですし、相手がいなければひとりでつぶやくのでもよいです。学びの本質がここにあります。

【著者】
木山 泰嗣（きやま ひろつぐ）

弁護士。1974年横浜生まれ。上智大学法学部卒。鳥飼総合法律事務所に所属し、税務訴訟及び税務に関する法律問題を専門にする。主な担当事件に、ストック・オプション税務訴訟（最高裁第三小法廷平成18年10月24日判決等で逆転勝訴）などがある。青山学院大学法科大学院客員教授（租税法演習）。上智大学法科大学院「文章セミナー」講師。

大学時代は、法律の勉強の仕方や、文章の書き方がさっぱりわからず、1年生のときに憲法の、2年生のときに民法（債権各論）の単位を落としたことも。しかし大学3年生から旧司法試験の勉強を始め、4回目の受験で最終合格を果たす。旧司法試験では、2回目の受験であと一歩までいきながら（論文の総合成績がA）、翌年も同じ成績で不合格になるなどの挫折を経験。これをきっかけに「ものごとを分析する力」を重視するようになる。弁護士になってからも、勝訴率が低いといわれる税務訴訟で、多くの勝訴判決を獲得するなど、不合格から学んだことが、その後の原動力になっている。「難しいことをわかりやすく」、そして「あきらめないこと」がモットー。

著書に、『弁護士が書いた究極の勉強法』『弁護士が書いた究極の文章術』『小説で読む民事訴訟法』『勉強が続く人の45の習慣』（いずれも法学書院）『憲法がしゃべった。』（すばる舎）『もっと論理的な文章を書く』（実務教育出版）『センスのよい法律文章の書き方』（中央経済社）などがある（本書で単著の合計は16冊）。

税務に関する専門書に、『税務訴訟の法律実務』（弘文堂・第34回日税研究賞「奨励賞」受賞）『租税法 重要「規範」ノート』（同）『事例詳解 税務訴訟』（共著・清文社）『判例解説 税理士の損害賠償責任』（共著・大蔵財務協会）などもある。

ブログ：税務訴訟Q＆A（弁護士 木山泰嗣のブログ）
ツイッター：@kiyamahirotsugu

最強の法律学習ノート術

2012(平成24)年3月30日　初版1刷発行
2013(平成25)年5月30日　同　3刷発行

著　者　木山泰嗣
発行者　鯉渕友南
発行所　株式会社 弘文堂　〒101-0062　東京都千代田区神田駿河台1の7
　　　　　　　　　　　　TEL 03(3294)4801　振替 00120-6-53909
　　　　　　　　　　　　http://www.koubundou.co.jp

装　丁　笠井亞子
組　版　スタジオトラミーケ
印　刷　大盛印刷
製　本　井上製本所

©2012 Hirotsugu Kiyama. Printed in Japan

JCOPY　〈社〉出版者著作権管理機構 委託出版物

本書の無断複写は著作権法上での例外を除き禁じられています。複写される場合は、そのつど事前に、〈社〉出版者著作権管理機構（電話 03-3513-6969、FAX 03-3513-6979、e-mail: info@jcopy.or.jp）の許諾を得てください。
また本書を代行業者等の第三者に依頼してスキャンやデジタル化することは、たとえ個人や家庭内の利用であっても一切認められておりません。

ISBN978-4-335-35528-8

実務法曹を志す人のための学修ガイド！

入門法科大学院 実務法曹・学修ガイド

愛知県弁護士会法科大学院委員会＝編

実務家教員経験者が実務法曹の視点から、法科大学院での法律の学修メソッド、司法試験に合格するための日頃の勉強方法を、各科目ごとに具体的かつ丁寧に指南するライブ感覚あふれる入門書。未修者・既修者それぞれへのアドバイス、暗記すべき定義集など工夫満載の学修ガイド。法曹を志す法科大学院生の夢を実現するために、正しい学習法を伝授します。Ａ５判　２色刷　480頁　3000円

- 第１章　総論―法科大学院で勉強することの意義
- 第２章　法科大学院での法律の勉強の仕方
- 第３章　法律学入門―法律を学ぶうえでの基礎知識
- 第４章　各科目ごとの勉強の方法
- 第５章　法律的文章の書き方
- 第６章　推奨する六法・書籍など
- 第７章　理解・暗記すべき定義
- 【付録】双方向・多方向の授業を充実させるために　―法科大学院生のみなさんへ望むこと

弘文堂

＊定価(税抜)は、2013年５月現在